Surprise Cookies

パカッと アイシングクッキー

Fiocco 山本しおり

文化出版局

はじめに

1枚のアイシングクッキーをまん中から
パカッ！と割ってみる。
すると中からかわいいモチーフが登場！

卵からひよこ、氷の大地からマンモス?!
バレンタイン、ジェンダーリビールなど、
季節のイベントやパーティシーンで
物語を感じるユーモアたっぷりのデザインや、
活躍するアイデアがいっぱい！
Fioccoのアイシングクッキーには
すてきなサプライズが詰まっているんです。

シンプルでチャレンジしやすい内容になっているので
家族や友人や大切な人を
笑顔にしたい、驚かせたい、
その気持ちさえあれば
初心者の方でもきっと大丈夫です。

作ってワクワク、割ってびっくりな
「パカッとアイシングクッキー」を
たくさんの方に楽しんでもらえますように。

Fiocco 山本しおり

クッキーの中に小さなシュガーパーツを忍ばせましょう

Contents

パカッとアイシングクッキーを
作りましょう

卵の形をしたアイシングクッキー？

かと思ったら……

パカッと割って
びっくり！

\ Piyo Piyo /

小さなひよこが出てきた！
ワクワクどきどきが止まらない
サプライズクッキーです。

クッキーの作り方

アイシングの土台にぴったりの型抜きしやすいしっかりめの生地。そのまま食べてもおいしいバター風味のクッキーです。

材料

バター（食塩不使用）… 200g
細目グラニュー糖 … 160g
とき卵（M）… 1個分
薄力粉 … 410g
バニラオイル … 適量
打ち粉（強力粉または薄力粉）
　　… 適量

下準備

・卵とバターは室温に戻す。
・薄力粉はふるう。
・天板にシルパンを敷く。
・オーブンは170℃に予熱する。

作り方

1 バターはなめらかになるまでハンドミキサーの低速で混ぜる。グラニュー糖を加え、白っぽくなるまで混ぜる。

2 卵を2～3回に分けて加え、その都度ハンドミキサーの中速でよく混ぜる。バニラオイルも加えてさらに混ぜる。

3 薄力粉を加え、ゴムべらで切るようにしてさっくりと混ぜ合わせる。粉っぽさがなくなってきたら手でひとまとめにする。

4 4等分に分けてそれぞれ10cm角くらいにまとめてラップで包み、冷蔵庫に30分以上ねかせる。

5 生地を1つ取り出してラップをあけ、上にもう1枚ラップをのせてサンドする。両サイドに5mmのルーラーを置いてめん棒で均一にのばす。

6 上のラップをはずし、クッキー型で抜いて天板に並べる。

＊ **クッキー型に打ち粉をふると生地がくっつかずきれいに型抜きできる。**

クッキーの保存法
乾燥剤とともに密閉容器に入れ、室温で2週間ほど保存可能。

7 170℃のオーブンで15～20分焼き、ケーキクーラーにのせて冷ます。

＊ **きれいな焼き色がついて、中央を押してもへこまなければOK。表面が膨らんだ場合は熱いうちに平らなトレーなどで軽く押さえつけるとよい。**

> すぐに焼かないときは**5**の状態で冷凍庫へ。使うとき生地が凍っていたら室温に数分おいて戻してから使う。ジッパーつきの保存袋に入れて1か月ほど冷凍保存可能。焼きたいときにすぐに使えるので便利。

くぼみつきクッキーの型抜き

パカッとアイシングクッキーにするときは、生地をくぼませて空間を作ります。この中にシュガーパーツやノンパレルを入れます。下記のいずれかの方法で型抜きします。

市販のクッキー型を使う場合

スプーンと星やマル、ハートなどのシンプルな型で作れます。

クッキーの作り方6でのばした生地に打ち粉をふる。深めのスプーンにも打ち粉をふって、生地にしっかり押しつける。

くぼみ部分が中央にくるように型で生地を抜く。

＊中にアイシングパーツを入れる場合は、パーツの大きさの倍以上のくぼみスペースを作る。

テンプレートを使う場合

型を使わない場合は、テンプレートを使って生地を抜きます。

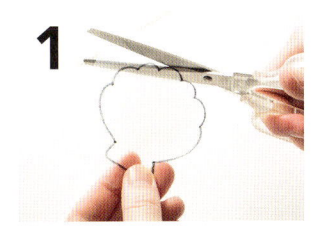 

クリアファイルを作りたいテンプレートより大きめにカットし、テンプレートにのせてフードペンでなぞる。線に沿ってはさみでカットする。

クッキーの作り方6でのばしたクッキー生地にのせて、ペティナイフのような小さなナイフで切り抜く。**市販のクッキー型を使う場合**の1と同様にくぼませる。

オリジナルクッキー型を使う場合

あらかじめくぼみのついたスタンプ状の型を使うから簡単。入手先はp.95参照。

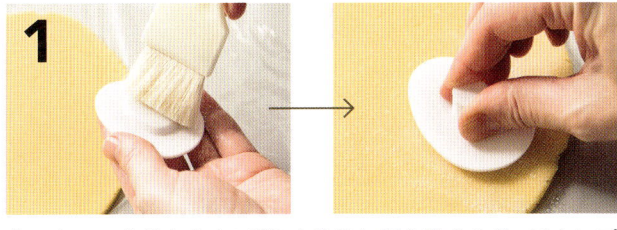

クッキーの作り方6でのばした生地に打ち粉をふる。スタンプにも刷毛で打ち粉をふって生地にしっかり押しつける。

スタンプを押しつけたまま外枠を生地に押しつける。

スタンプ→外枠の順にはずし、生地を抜く。

＊スタンプで押しつけた部分の生地はかなり薄くなっているため破れやすい。ラップからはずす前に生地を一度冷凍庫で冷やすとよい。

クッキーとシュガーパーツのテンプレートは各ページに入っています。ページにないものはp.90～93にまとめて入れています。

基本のアイシング（ロイヤルアイシング）

基本になる白いアイシングです。このアイシングに着色し、かたさを使い分けてクッキーにデコレーションをします。

材料

粉糖 … 500g
メレンゲパウダー（または乾燥卵白）… 20g
水 … 65g

粉糖
純粉糖はダマになりやすいため、オリゴ糖入りかコーンスターチ入りのものを使って。

メレンゲパウダー（または乾燥卵白）
どちらも卵白を加工したもの。メレンゲパウダーは扱いやすく真っ白なアイシングに仕上がるので初心者におすすめ。軽い食感で香りもいいが、やや高価。乾燥卵白は比較的安価だが、特有のにおいが気になることも。味は自然な甘さで食感はかため。

作り方

1 小さいボウルにメレンゲパウダーと分量の水を入れてなじませ（乾燥卵白の場合は10分ほどおく）、小さい泡立て器で混ぜ合わせる。

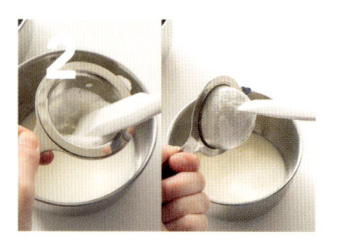

2 ダマが残らないように茶こしでこす。最後はゴムべらで茶こしの内側と裏側についた卵白液をこしきる。

3 別のボウルに粉糖を入れて**2**を加え、ゴムべらで混ぜ合わせる。全体がしっとりまとまったらハンドミキサーの高速で1分、中速で2分ほど練る。

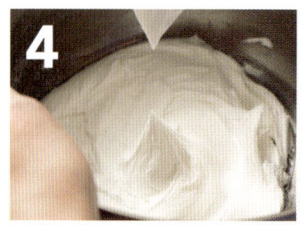

4 ふわっとして真っ白くなり、ツヤが出たら完成。
＊ゴムべらで持ち上げたとき、しっかりツノができることを確認する。

Point

作業中はぬれ布巾をかけて乾燥を防ぐ

アイシングを絞り袋に詰めるまでのちょっとした時間
や作業中は、アイシングが乾かないように湿らせたキ
ッチンペーパーやぬれ布巾をボウルや絞り袋にかぶせ
ておく。

アイシングの作り方を
しっかりマスターしてね！

アイシングの保存法

でき上がったアイシングは絞
り袋に入れて冷蔵庫で保存す
る。使用するとき、必要な分
だけ絞り出して使う。

残りは絞り口が乾燥しないよ
うに湿らせたキッチンペーパ
ーで包み、保存袋などに入れ
て冷蔵庫で保管し、1週間で
使いきる。

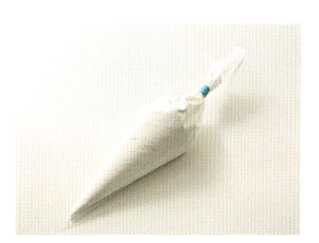 

作りたてのアイシングを絞り
袋に入れ、空気を抜いてシー
ラーなどで密封すれば、1か
月ほど冷凍保存可能。使用す
るときは、冷蔵庫で解凍して
ゴムべらでよく練り直してか
ら使う。

ゆるめに調節したアイシング
や着色済みのアイシングは数
時間で分離するため当日中に
使いきる。

アイシングに着色する

基本のアイシングに食用色素を使って色をつけます。絵の具と同じ要領で色素を混ぜて好みの色を作ります。

色作りのポイント

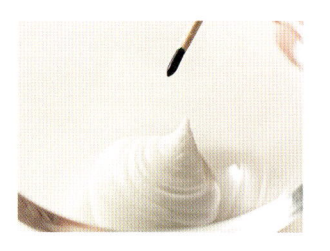

Point 1
濃くなりすぎた色を戻すにはたくさんのアイシングが必要になるので、着色は少しずつ行う。

Point 2
ほんの少し色を戻したいときは基本のアイシングを足す。

Point 3
色味をおさえた大人っぽいくすみカラーにするときは最後にブラックを、あたたかみのあるやさしい雰囲気にしたいときは最後にブラウンを少量足す。

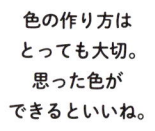

Point 4
真っ黒のアイシングを作るときは色素ではなく竹炭パウダーを使う。数滴の水で竹炭パウダーを溶いてからアイシングに加えると混ざりやすい。

Point 5
作業の合間はアイシングが乾燥しないように湿らせたキッチンペーパーやぬれ布巾をボウルにかぶせておく。

色の作り方はとっても大切。思った色ができるといいね。

色の作り方

1 小さいボウルに基本のアイシングを必要な分量だけ入れ、爪楊枝に色素を少量つけて加える。

2 スパチュラで色むらがなくなるまでしっかりと練って混ぜ、好みの色になるまでこれを繰り返す。
＊アイシングのかたさの調節は着色が終わったあとに行う (p.16)。

シュガーペーストの着色

シュガーペースト
薄くのばして型抜きしたり、シリコンモールドを使ったりできる粘土のような製菓材料。本書ではWilton社のロールフォンダンを使用。

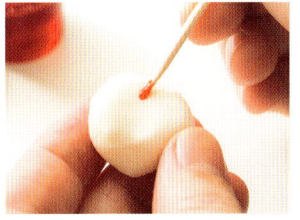

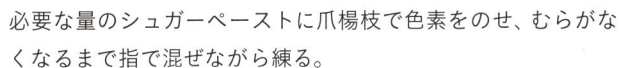

必要な量のシュガーペーストに爪楊枝で色素をのせ、むらがなくなるまで指で混ぜながら練る。

Color Chart カラーチャート

本書で使ったアイシングのカラーチャートです。合わせる色の濃淡は微妙に異なるので、これを参考に
して色を作ってください。色を合わせる場合、最初に書いてある色がメイン。そこに次の色を足します。
同じ色の組み合わせでも、加える色素の量によって濃淡が出ます。本書ではWilton社の食用色素を使用。

| WH | BR | GY | OR | PK | CR |

| BL | BR+BL | GY+BR | OR+BR | PK+GY | CR+VI |

| 竹炭BL | BR+BL
（どちらもごく少量） | GY+BR
（どちらもごく少量） | OR+NR |

WH ＝無着色（もとのアイシング）　GY ＝ゴールデンイエロー　SB ＝スカイブルー
BL ＝ブラック　OR ＝オレンジ　RB ＝ロイヤルブルー
竹炭BL ＝竹炭パウダー　PK ＝ピンク　VI ＝バイオレット
BR ＝ブラウン　CR ＝クリスマスレッド　KG ＝ケリーグリーン
NR ＝ノーテイストレッド　LG ＝リーフグリーン

NR	SB	RB	VI	KG	LG
NR+BL	SB+BR	RB+BL	VI+BR	KG+BL	LG+BR
NR+BR	SB+BL	RB+VI	SB+KG	KG+BR	LG+GY+BR

アイシングのかたさ調節

かたさは着色のあとに調節します。ゆるくする場合はスポイトなどで水を少しずつ加え、その都度よく混ぜてかたさをチェックします。少しかために戻したいときは基本のアイシングを足します。

「かため」アイシング

基本のアイシング。スパチュラで持ち上げたとき、ツノが立つかたさ。

使用するところ：
口金を使って花や葉を絞るとき。

「中間」アイシング

スパチュラで持ち上げたとき、ツノがゆっくりおじぎをするかたさ。

使用するところ：
アウトライン、模様や文字を描く、パーツ類を接着するとき。

「パーツ用」アイシング

「中間」より少しやわらかく、スパチュラで持ち上げたとき、ツノが立たずにくたっとくずれるかたさ。

使用するところ：
ぷっくりとした立体感のあるシュガーパーツを作るとき。

「5秒（または2秒）」アイシング

「5秒」アイシングはスパチュラですくってリボン状に落としたとき、跡が約5秒で消えるかたさ。「2秒」アイシングは約2秒で消える。

使用するところ：
5秒はベースに流し込むとき。2秒はテクスチャー（質感）をつけるとき。

コルネの作り方

アイシングを詰めて細く絞り出す袋をコルネといい、食品用のOPPシートというフィルムで作ります。使い勝手のいいのは20cm角のもの。流し込み用や口金をつける場合は25cm角の大きめのほうがあふれる心配がありません。詰めるアイシングの量に合わせて使い分けてください。

1
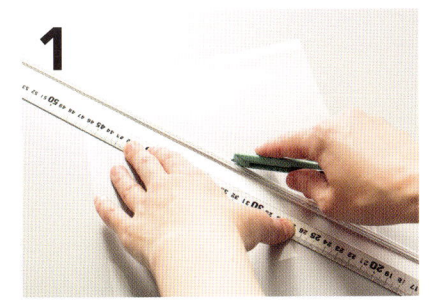
OPPシート（20cm角）をカッターで対角線で半分に切り、三角形にする。

2
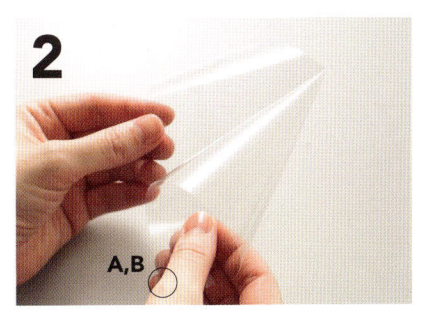
Bの角を下にして持ち、AがBに重なるように内側に巻く。

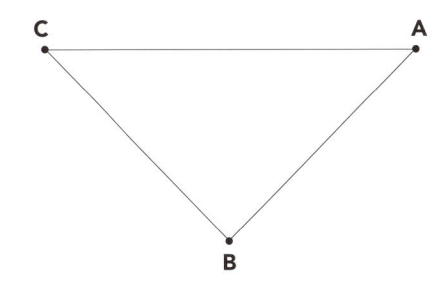

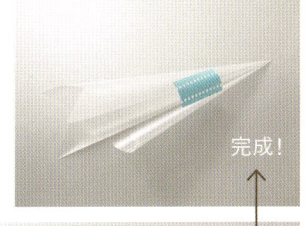
完成！

3
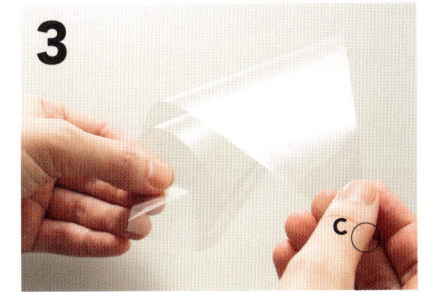
CがBの後ろ側に重なるようにくるりと巻き、ABCの角をきれいにそろえる。

4

AとCをさらにそれぞれ4cmほどスライドさせ、両手の親指でコルネの内側を、両手の人差し指と中指でコルネの外側を挟んで持つ。

5

親指で内側のシートを軽く下に引っ張り、外側のシートをやや左下に引っ張ると、ゆるんだ先端がキュッととがる。2〜3回繰り返して形を整え、巻き終わりをテープでとめる。

コルネにアイシングを詰める

詰めるアイシングが少なすぎたり、コルネ上部の巻き込みが足りないとうまく絞り出せません。適量を詰め、適度に巻き込むようにしましょう。

「かため」「中間」「パーツ用」アイシングの場合

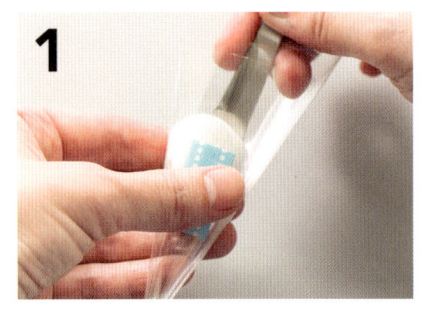

1 コルネのテープ部分を正面にして持ち、アイシングをすくったスパチュラをコルネの先端に差し込む。

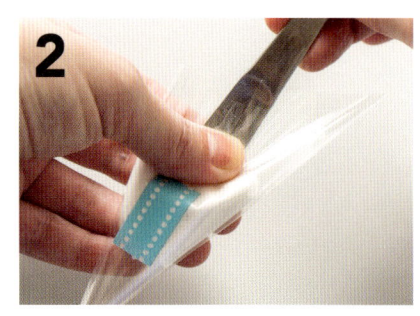

2 コルネを持つ手でスパチュラを押さえ、スパチュラを引き抜く。

「5秒」アイシングの場合

コルネの口を広く開けたままスパチュラでアイシングをすくって垂らしながら入れ、左記の詰め方の**3～4**と同様にしてコルネを閉じる。

3 テープの面を下にして両サイドの角を中心に折り、上から手前に折って、とがった部分を下側に折る。

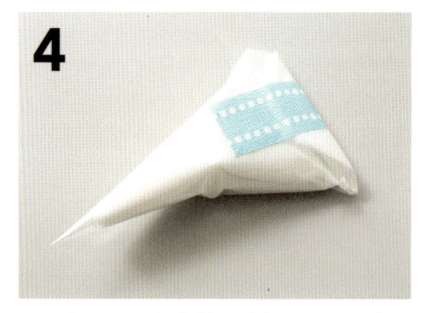

4 コルネにほどよく張りが出るところまで折り込んでテープでとめる。

基本のアイシングデコレーション

アイシングクッキーを作るための基本的なテクニックです。まずはコルネで絞ることに慣れましょう。

コルネの使い方

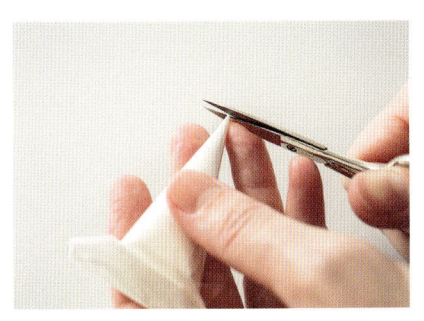

コルネの先端を1.5〜2mmはさみでまっすぐ切る。切る位置で絞りの太さを調節。太さが1mm以下になると目詰まりしやすいので注意する。コルネは折り目の部分を押して絞り出し、量が減ってきたらさらに折り込む。

コルネの持ち方

描くときはコルネを持つほうの手首を反対の手で支え、さらにテーブルにコルネを持つ腕を固定すると描きやすい。コルネを強く押すとアイシングは早く出て、弱めるとゆっくり出る。慣れるまでは弱い力でゆっくり絞り、ゆっくりコルネを動かす。

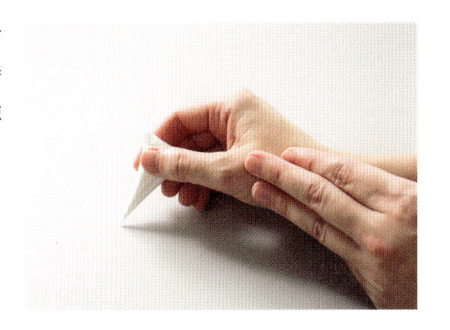

描き方

直線

使うアイシング：「中間」

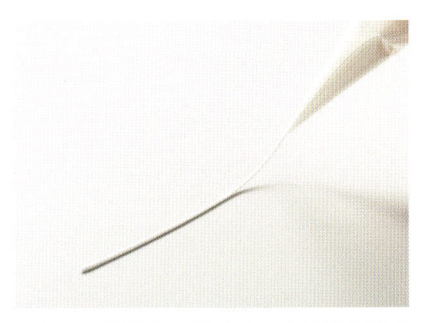

コルネの先端をつけてゆっくり絞り出すと同時にコルネの先端を浮かせて絞り出しながらコルネを横に動かす。力をゆるめながら先端をおろし、ラインを切る。アイシングのラインを置いていくようなイメージで描く。

曲線

使うアイシング：「中間」

絞りながら先端を持ち上げたら一度力をゆるめ、アイシングのラインをカーブさせて先端をおろす。小さな曲線は、先端を1mmほど浮かせた状態で均等な力で絞り出しながらテンポよく描く。

ドット

使うアイシング：「中間」〜「パーツ用」

アイシングを絞り出し、目的の大きさになったら力をゆるめ、ゆっくりコルネを引き上げる。「中間」はツノが立ちやすいので、ツノが立った場合は固まる前に湿らせた筆で軽く押さえる。

ティアドロップ

使うアイシング：「中間」

コルネの先端を細かく振動させながらまるいドットを絞り出し、ドットの中心に先端をこすりつけるようにして引く（完全にこすりつけないこと）。ティアドロップを組み合わせるとハートや花、ニット模様にアレンジできる。

ジグザグ

使うアイシング：「中間」

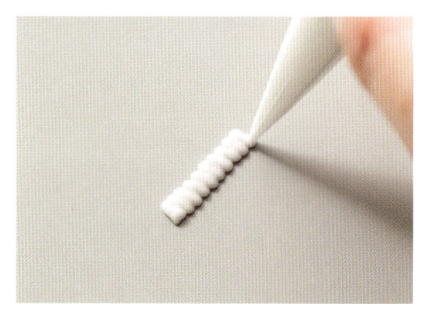

先端を1mmほど浮かせた状態で絞り出し、幅をそろえることを意識してテンポよく描く。

植物模様

使うアイシング：「中間」

先端を1mmほど浮かせた状態で絞り出し、一筆描きで模様を描く。アイシングのむだな重なりがなく、きれいに見える。線と小さな曲線を組み合わせて描いてもOK。

葉っぱ

使うアイシング：「かため」

 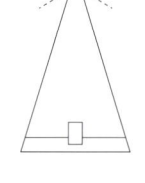

コルネの先端をV字に切る。コルネをややねかすように持って先端を軽く押しつけるようにして絞り、力を加えたままコルネを左右に揺らす。好みの大きさになったら力を抜いてコルネを横に引く。

アウトラインの描き方とベースの作り方

アウトラインは仕上がりの要なので、ていねいに作業を行いましょう。着色した「中間」と「5秒」のアイシングをそれぞれコルネに詰めます。

アウトライン

使うアイシング：「中間」

「中間」のコルネでクッキーの形に沿ってアウトラインを引く。クッキーの端から0.5mm内側に描くイメージで。とぎれないように1本の線で描く。

ベースにアイシングを流し込んだら、表面が乾く前に違う色のアイシングで模様を描くと、模様をフラットになじませることができる。このとき同じゆるさのアイシングを使うと模様がにじまない。

ベース

使うアイシング：「5秒」

「5秒」アイシングで外側から内側に向かってぐるぐると流し込んでいく。クッキーを持ち、軽くゆすって表面を均一にする。気泡があったらニードルでつぶし、乾燥させる。

＊流し込むアイシングが少なすぎると表面がボコボコになるので、ぷっくりするくらいを目安に流し込む。

アイシングが乾くまでは時間がかかる。密閉容器にでき上がったアイシングクッキーと多めの乾燥剤を入れて、約1日乾かして完成。

シュガーパーツの作り方

パーツは日もちがするので、あらかじめ作っておくと便利です。本書では表面のデコレーションだけでなくパカッとクッキーの中に入れるパーツにも使用します。完成したシュガーパーツは、完全に乾かしたのち、乾燥剤とともに密閉容器に入れて室温で保存し、1か月を目安に使いきりましょう。

アイシングで作るパーツ

使うアイシング：「パーツ用」

パーツは
ちっちゃいけれど、
ていねいに作ってね。

1

着色した「パーツ用」をコルネに詰める。

2

作りたいモチーフを紙に描き写し、その上にOPPシートをセットする。

3

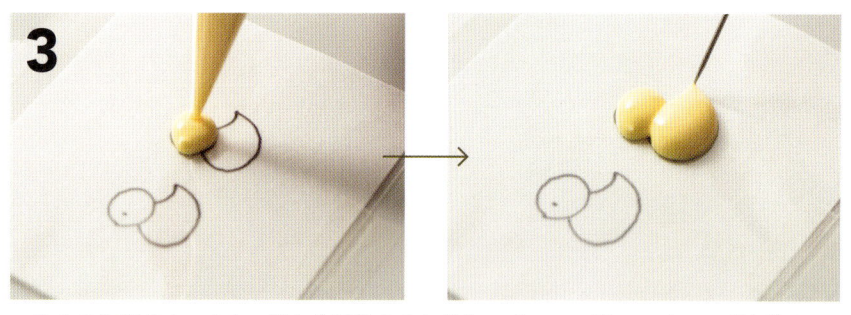

コルネの先端をカットし、細かく振動させながらモチーフの形にアイシングを絞る。
＊ 平たいパーツは壊れやすいので、厚みのあるころんとしたフォルムになるように絞る。乾く前ならニードルなどで微修正可能。

4

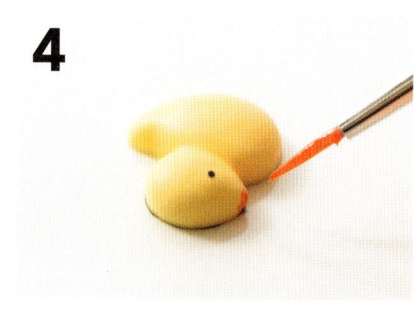

OPPシートのまま乾燥させ、必要ならフードペンやペイントで描き加える。完全に乾いたらOPPシートからはずす。

フラワーネイル

口金を使って作る花のパーツ

使うアイシング：「かため」　**使用する口金：**MARPOL101°　**使う道具：**フラワーネイル

1
コルネの先端を3cmくらいのところで切る。テープ部分を上にしてコルネの内側から口金を差し込み、テープで1周とめる。このとき口金の先端の太いほうが右側になるようにする。

2
着色した「かため」をコルネに詰め、p.18の**3〜4**の手順でコルネを閉じる。

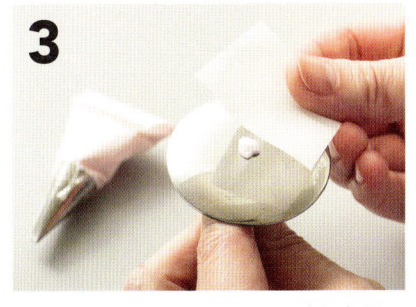

3
フラワーネイルにアイシングを少量のせ、4cm角にカットしたオーブンシートを固定する。

4
口金の太いほうが手前にくるように持ち、フラワーネイルの中心に45度に傾けて先端を軽く当てる。

5
フラワーネイルを反時計回りに回すと同時に、口金の先端で小さく山を描きながら絞り出す。1枚絞ったら力を抜き、口金を手前に引く。

6
5を繰り返して4〜8枚をバランスよく絞ったら花芯にドットを絞り、乾燥させる。

シュガーペーストで作るパーツ

ペーストを薄くのばして花を作る

使う道具：ノンスティックボード、ロールピン、刷毛、プランジャー抜き型、スポンジパッド、モデリングツール

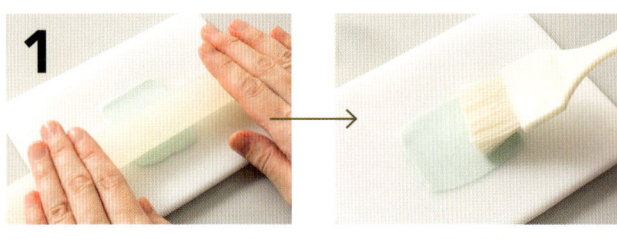

着色したシュガーペーストをノンスティックボードにのせる。ロールピンを使って薄くのばし、刷毛でコーンスターチをはたく。

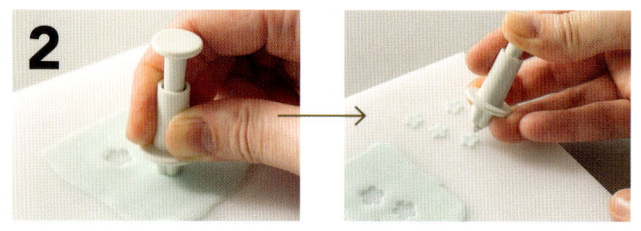

花のプランジャー抜き型をボードにこするようにして型抜きする。

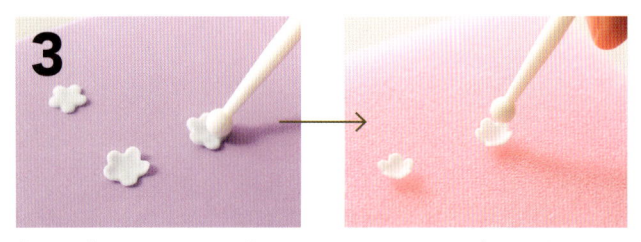

抜いた花をかためのスポンジパッドにのせ、モデリングツールで薄く平らにし、やわらかいスポンジパッドに移す。花の中心をモデリングツールで軽く押して、くるくると動かして立体的にする。

ペーストをモールドで型抜きする

使う道具：シリコンモールド、刷毛

シリコンモールドにコーンスターチを刷毛ではたき、着色したシュガーペーストをシリコンモールドに押しつけて余分なペーストを取り除く。裏側から指でそっとペーストを押し出して乾燥させる。

パカッとクッキーにする場合は、この方法でパーツを閉じ込めます。

使う材料：ウエハーペーパー

1

クッキーのくぼみにパーツを
端に寄せて入れる。
＊端に寄せるのは、クッキーを割
　ったとき、パーツがいっしょに
　割れないようにするため。

2

ノンパレルを**縁ぎりぎりまで**
隙間なく入れる。

3

中間アイシングをジグザグ線
でくぼみの縁に**隙間なく**絞り
出す。

4

くぼみよりひと回り大きくカ
ットしたウエハーペーパーを
のせる。

5

ピンセットで押さえて密着さ
せる。

6

すぐにアウトラインを引き、
ベースを流し込む。

7

表面が乾いたら仕上げのデコ
レーションをする。

8

密閉容器に乾燥剤とともに入
れて約1日乾かして完成。
＊保存は高温多湿の場所・直射日
　光を避け、冷暗所に置く。

ウエハーペーパー
でんぷんを紙状に乾燥させた食
べられるシート。はさみで切っ
て使用する。クッキーのくぼみ
部分の蓋になり、ベースのアイ
シングが流れ込むのを防ぐ。
NUT2株式会社(p.96)

クッキーを割るときは……
両端を持って下側に折るときれ
いに割れる。
＊中に入れるパーツはすべて食べら
　れるものだけに。食べられないもの
　は絶対に入れないでください。

私とFioccoちゃん

私の代名詞でもある「Fiocco」はイタリア語で"ちょうちょ結びのリボン"の意味。いつも物語や季節をイメージして作品を作りますが、その主人公や季節に合わせた衣装をまとって登場します。そんなFioccoちゃんの作り方をここでご紹介します。アイシングクッキーの1つに加えて楽しんでください。

1

顔と足のアウトラインを引き、ベースを流し込む。乾く前に湿らせた細筆の先にNRをごく少量つけ、頬の部分のベースをくるくる混ぜ、ほんのり色をつける。

2

表面が乾いたら洋服と髪のアウトラインを引き、ベースを流し込む。

3

しっかり乾いたら、リボン→目→襟レース→茎→手→花→花芯→裾レース→靴下レースの順番に描く。

4

靴は足先を隠すように大きめのドットを絞り、少量のアルコールで溶いたBR+BLで髪の線や口を描く（フードペンでもOK）。

準備するものと材料

女の子型クッキー
→Fioccoちゃんのテンプレートはp.93

アイシングの色とかたさ
顔、足アウトライン、手＝GY+PK+BR（中間）
顔、足ベース＝GY+PK+BR（5秒）
洋服アウトライン、靴、リボン、花芯＝GY（中間）
洋服ベース＝GY（5秒）
髪アウトライン＝BR+BL（中間）
髪ベース＝BR+BL（5秒）
レース、花＝WH（中間）
目＝BR+BL（パーツ用）
茎＝LG+BR（中間）

パカッと

アイシングクッキーを作りましょう

Easter

カラフルな春のお祭りイースター。
エッグハントで見つけた卵をコンコン、パカッ！
かわいいひよこがピヨピヨピヨ。

イースター

準備するものと材料

イースターエッグ
- □ くぼみつき卵型クッキー
- □ ウエハーペーパー
- □ ノンパレル（ミックスカラー）
- □ 色素（OR）
- □ アルコール

シュガーパーツ
ひよこパーツ＝GY（パーツ用）
フードペン（BL）

アイシングの色とかたさ
アウトライン＝NR+BR、SB+BR、VI+BR（中間）
ベース＝NR+BR、SB+BR、VI+BR（5秒）
花＝WH（中間）
花芯＝GY（パーツ用）

ひよこ
- □ ひよこ型クッキー

アイシングの色とかたさ
アウトライン、羽根＝GY（中間）
ベース＝GY（5秒）
くちばし＝OR（中間）
目＝竹炭BL（パーツ用）

うさぎ
- □ うさぎ型クッキー
- □ 細目グラニュー糖

アイシングの色とかたさ
アウトライン、しっぽ＝WH（中間）
ベース＝WH（5秒）
鼻＝NR+BR（パーツ用）
目＝竹炭BL（パーツ用）
葉っぱ＝LG+GY+BR（中間）

ひよこパーツ

イースターエッグ

1. 〈**ひよこパーツ**〉ひよこパーツのテンプレートの上にOPPシートをセットし、頭→体の順番で形どおりに絞る。

2. 乾いたらフードペンで目を描き、ごく少量のアルコールで溶いた色素でくちばしを描く **[a]**。

   * アルコールの水分が多いとにじんだりアイシングが溶けるので注意。

3. 〈**イースターエッグ**〉クッキーのくぼみ部分にひよこパーツ→ノンパレルの順番で入れる（p.25）。このときパーツは真ん中ではなく端に寄せておく。

4. ウエハーペーパーをくぼみの大きさよりひと回り大きく切り、アウトライン用の中間アイシング（p.21）で隙間のないように接着する。

5. 接着したらすぐにクッキーの形どおりにアウトラインを引き、ベースのアイシングを流し込む（p.21）。

6. 表面が乾いたらティアドロップで花びらを描き、花芯にドットを絞る（p.20）**[b]**。

   * 花は中央から描くとバランスよく配置できる。

ひよこ

1　くちばしの部分を除いてクッキーの形どおりにアウトラインを引き、ベースを流し込む(p.21)。

2　表面が乾いたら羽根とくちばしをティアドロップで描き、目にドットを絞る(p.20)。羽根はお尻側から胸側に向かって[c]、くちばしは外側から内側に向かって絞る。

c

うさぎ

1　しっぽの部分を除いてクッキーの形どおりにアウトラインを引き、ベースを流し込む(p.21)。

2　表面が乾いたら目と鼻にドットを絞り、首に葉っぱの模様を描く(p.20)。

3　しっぽにドットを絞り、乾く前に細目グラニュー糖をふりかける[d]。

d

イースターエッグの
テンプレート

ひよこの
テンプレート

うさぎの
テンプレート

Vegetable Garden

ベジタブルガーデン

色鮮やかな春のお野菜。
とれたてキャベツをザクザク…パカッ！
あおむしひょっこりママびっくり。

ベジタブルガーデン

準備するものと材料

春キャベツ →テンプレートはp.90

☐ くぼみつきマル型クッキー　☐ ウエハーペーパー
☐ ノンパレル（ライムグリーン）
☐ 色素（WH）／Wilton ホワイトリキッドアイシングカラー使用
☐ アルコール

シュガーパーツ

あおむしパーツ＝KG+BR、LG+GY+BR（パーツ用）
フードペン（BL、BR）

アイシングの色とかたさ

アウトライン＝LG+GY+BR（中間）
ベース＝LG+GY+BR（5秒）
口金 MARPOL101°＝LG+GY+BR（かため）

春にんじん →テンプレートはp.90

☐ にんじん型クッキー　☐ ココアビスケット

アイシングの色とかたさ

アウトライン、にんじんの横じわ＝OR+BR（中間）
ベース＝OR+BR（5秒）
葉っぱ＝LG+GY+BR（中間）

ちょうちょ →テンプレートはp.90

☐ ちょうちょ型クッキー

アイシングの色とかたさ

アウトライン＝GY+BR（中間）
ベース＝GY+BR（5秒）
顔、体、花芯＝GY（パーツ用）
花、ジグザグ模様＝WH（中間）
フードペン（BL）

 あおむしパーツ

春キャベツ

1　〈**あおむしパーツ**〉あおむしパーツのテンプレートの上にOPPシートをセットする。

2　濃い緑のアイシングで形どおりに絞り、乾く前に顔の部分に薄緑のアイシングでドットを絞る **[a]**。

3　乾いたらフードペンで目（BL）と口（BR）を描く。

4　〈**春キャベツ**〉口金のアイシングでクッキーの縁にフリルを絞り **[b]**、クッキーとの境目を湿らせた筆でならす **[c]**。

5　くぼみ部分にあおむしパーツ→ノンパレルの順番に入れ、ウエハーペーパーを接着する（p.25）。

6　フリルの内側にまるくアウトラインを引き、ベースのアイシングを流し込む（p.21）。

春にんじん

7 しっかり表面が乾いたら、LG+GY+BR（中間）で写真のようにジグザグ線を描き(p.20)、湿らせた筆で線を外側に向かってのばす [d]。

8 少量のアルコールで溶いた色素で葉脈を描く [e]。

1 葉っぱの部分を除いてクッキーの形どおりにアウトラインを引き、ベースを流し込む(p.21)。乾く前に砕いたココアビスケットをふりかける [f]。

2 表面が乾いたら、横じわと葉っぱを描く。

ちょうちょ

1 中心部分を避けて羽のアウトラインを引き、ベースのアイシングを流し込む(p.21)。

2 表面が乾いたらティアドロップで花びらを描き、花芯にドットを絞る(p.20)。
   ＊花の大きさをランダムにし、流れるような配置にする。

3 顔にドットと体には大きめのティアドロップを絞り、顔と体の間に小さなジグザグ模様を描く [g]。乾いたらフードペンで目を描く。

Ocean

海

海で拾った宝物。
ラッコが貝をコンコンパカッ！
きれいな真珠がコロンコロン。

海

準備するものと材料

真珠貝
- ☐ くぼみつきシェル型クッキー
- ☐ ウエハーペーパー
- ☐ シュガーパール

アイシングの色とかたさ
- アウトライン＝WH（中間）
- ベース＝WH（5秒）

かに
- ☐ かに型クッキー
- ☐ シュガーパール

アイシングの色とかたさ
- アウトライン、足、はさみの模様＝OR+NR+BR（中間）
- ベース＝OR+NR+BR（5秒）
- おなかの模様、白目＝WH（中間）
- 黒目＝竹炭BL（パーツ用）

ラッコ
- ☐ ラッコ型クッキー
- ☐ シュガーペースト（BRで色むらを残して着色）

アイシングの色とかたさ
- アウトライン＝BR+BL（中間）
- ベース＝BR+BL（5秒／濃淡2色）
- 目、鼻＝竹炭BL（パーツ用）
- フードペン（BL）

真珠貝

1. クッキーのくぼみ部分にシュガーパールを入れ、ウエハーペーパーを接着する（p.25）。

2. 写真のようにアウトラインを引いたら隣り合う面を避けてベースのアイシングを流し込み、時間差で残りの面にアイシングを流し込む（p.21）[a]。

3. 乾いたら線が重なる部分を中心にWH（中間）でドットやマルの模様を描く（p.20）。

真珠貝のテンプレート

かに

1. 足の部分を除いてクッキーの形どおりにアウトラインを引き、ベースを流し込む(p.21) **[b]**。
2. 表面が乾いたら足をティアドロップで描く(p.20)。はさみに模様を描き、乾く前にシュガーパールをおく。
3. おなかに模様と白目を描き、乾いたら黒目をドットで絞る(p.20)。

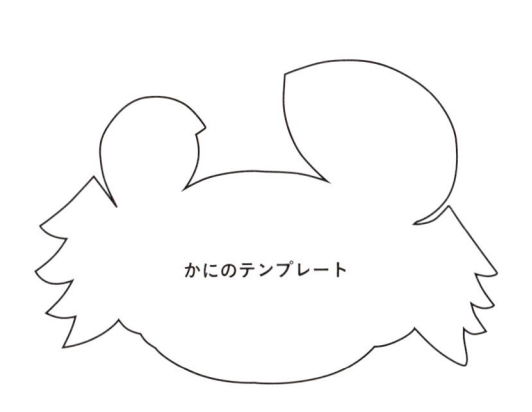

ラッコ

1. 頭と体に分けてクッキーの形どおりにアウトラインを引き、時間差でベースを流し込む(p.21)。
2. 表面が乾いたら足のアウトラインを引き、ベースのアイシングを流し込む(p.21) **[c]**。フードペンで口を描き、目と鼻にドットを絞る(p.20)。
3. シュガーペーストを貝殻のモールドで型取りし(p.24)、おなかに接着する。

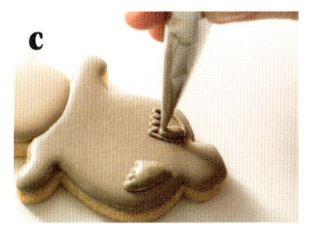

かにのテンプレート

ラッコの
テンプレート

Tropical Summer

トロピカルサマー

夏はビーチでスイカ割り。
狙いさだめて…パカッ！
食べごろの真っ赤な果実と種がはじけます。

トロピカルサマー

準備するものと材料

スイカ

- □ くぼみつきオーバル型クッキー
- □ ウエハーペーパー
- □ ノンパレル（レッド、ブラック）

シュガーパーツ

スイカパーツ＝NR+BL、WH、KG+BL+BR（パーツ用）
フードペン（BL）

アイシングの色とかたさ

アウトライン＝KG+BL+BR（中間）
ベース＝KG+BL+BR、BL+KG（5秒）

フラミンゴフロート

- □ フラミンゴフロート型クッキー

アイシングの色とかたさ

アウトライン＝PK+GY（中間）
ベース＝PK+GY（5秒）
くちばし、目＝WH、竹炭BL（パーツ用）
水しぶき＝SB（中間）

砂のお城

- □ 砂のお城型クッキー
- □ ブラウンシュガー（さらさらのもの）
- □ シュガーペースト（BRで色むらを残して着色）

アイシングの色とかたさ

アウトライン＝BR（中間）
ベース＝BR（5秒）
ヒトデ＝WH（中間）

 スイカパーツ

スイカ

1. 〈**スイカパーツ**〉スイカパーツのテンプレートの上にOPPシートをセットし、形どおりに果肉の三角部分を絞ってから緑→白の順番で皮を絞る。

2. 乾いたらフードペンで種を描く。

3. 〈**スイカ**〉クッキーのくぼみ部分にスイカパーツ→ノンパレルの順番に入れ、ウエハーペーパーを接着する（p.25）。

4. クッキーの形どおりにアウトラインを引く。ベースのアイシングを流し込み（p.21）、乾く前にBL+KG（5秒）で4〜5本線を引き、ニードルで線をひっかいて縞模様にする **[a]**。

a

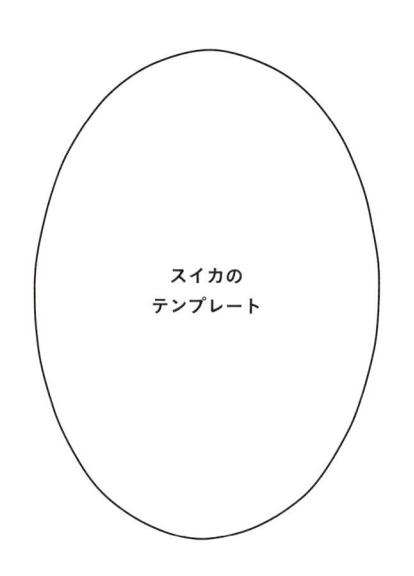
スイカの
テンプレート

フラミンゴフロート

1 クッキーの形どおりにアウトラインを引き、くちばしと輪の部分にもラインを引いて **[b]** ベースを流し込む(p.21)。

2 表面が乾いたら水しぶきをティアドロップで描く(p.20)。白目を描き、乾いたら黒目をドットで絞る(p.20)。

砂のお城

1 アウトラインを引き、窓と入り口部分にもラインを引く。ベースを流し込み(p.21)、乾く前にブラウンシュガーを全体にふりかけて表面が乾くまでそのままおく。

2 表面が乾いたら余分な砂糖を払い、窓と入り口部分にBR(中間)で太めのラインを引き、スプーンで砂糖をふりかける **[c]**。

3 シュガーペーストを貝殻のモールドで型取りし(p.24)、入り口周りに接着。あいたところにヒトデを描く **[d]**。

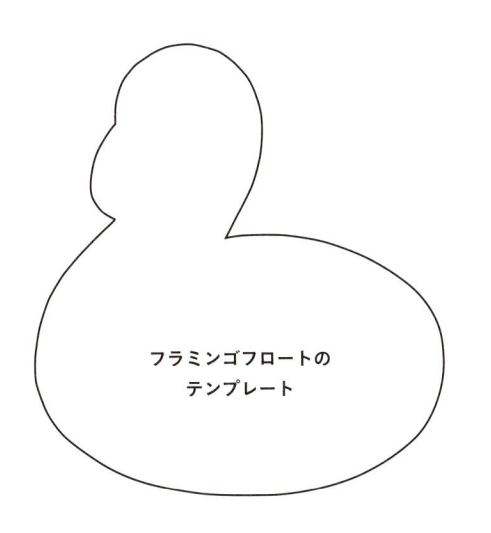

フラミンゴフロートの
テンプレート

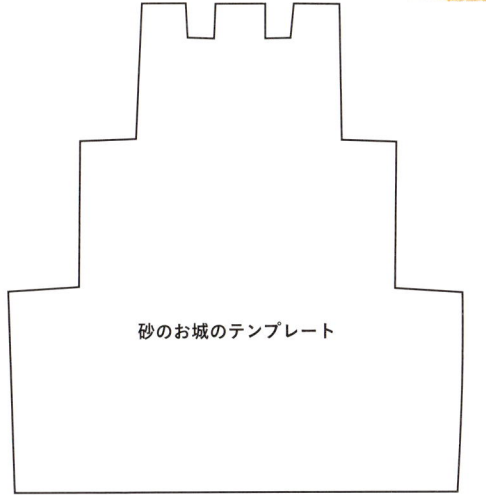

砂のお城のテンプレート

Halloween

Trick or Treat ！
不気味な棺、怪しいかぼちゃ、魔女の薬瓶をパカッ！パカッ！ パカッ！
年に一度のカーニバルが始まります。

ハロウィン

準備するものと材料

びっくりパンプキン →テンプレートはp.90

☐ くぼみつきパンプキン型クッキー
☐ ウエハーペーパー　☐ ノンパレル（ハロウィンカラー）

シュガーパーツ

おばけパーツ＝WH（パーツ用）
フードペン（BL）

アイシングの色とかたさ

アウトライン＝OR+BR（中間）
ベース＝OR+BR（5秒／濃淡2色）
へた、つる＝LG+GY+BR（中間）

魔女のポーション →テンプレートはp.90

☐ くぼみつきボトル型クッキー　☐ ウエハーペーパー
☐ ノンパレル（パープル）　☐ シュガーペースト（竹炭BLで着色）
☐ オーバル型（2×3cm）　☐ アルコール　☐ 銀箔シュガー
☐ 色素（WH）／Wilton ホワイトリキッドアイシングカラー使用

シュガーパーツ

目玉パーツ＝WH、SB（パーツ用）
フードペン（BL）

アイシングの色とかたさ

アウトライン＝VI+CR（中間）
ベース＝VI+CR（5秒／濃淡2種）
ラベルの模様＝竹炭BL（中間）
蓋＝竹炭BL（パーツ用）

ミイラの棺 →テンプレートはp.90

☐ くぼみつき棺型クッキー　☐ ウエハーペーパー
☐ ノンパレル（ライムグリーン）　☐ シュガーペースト（VI+RBで着色）

シュガーパーツ

ミイラパーツ＝竹炭BL（パーツ用）、WH（2秒）

アイシングの色とかたさ

アウトライン、R.I.P＝KG+BR+BL（中間）
ベース＝KG+BR+BL（5秒）
テクスチャー＝KG+BR+BL（2秒／ベースより少し薄い色）
口金MARPOL101°＝VI（かため）
葉っぱ＝KG+RB+BL（中間）

びっくりパンプキン

1　〈おばけパーツ〉おばけパーツのテンプレートの上にOPPシートをセットし、形どおりに頭→体→手の順番に絞る。

2　乾いたらフードペンで目と口を描く。

3　〈びっくりパンプキン〉クッキーのくぼみ部分におばけパーツ→ノンパレルの順番に入れ、カットしたウエハーペーパーを接着する（p.25）。

4　アウトラインを描いたら中央だけベースのアイシング（濃）を流し込み（p.21）、乾く前にベースのアイシング（淡）でドット模様をラフに入れる。

5　中央の表面が乾いたら、両サイドのベースも**4**と同様に流し込み、ドット模様を入れる。

6　乾いたら大きめのジグザグの線でへたを、曲線でつるを描く（p.19〜20）**[a]**。

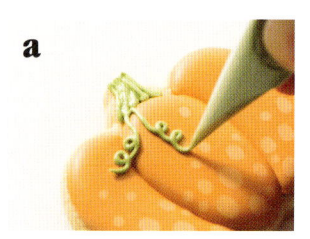

おばけパーツ

魔女のポーション

1 〈目玉パーツ〉OPPシートの上で直径1cm未満のドットをWHで絞り、すぐに中心にひと回り小さいドットをSBで絞る(p.20)。乾いたらフードペンで中心にドットを描く。

2 〈魔女のポーション〉クッキーのくぼみ部分に目玉パーツ→ノンパレルの順番に入れ、カットしたウエハーペーパーを接着する(p.25)。

3 蓋以外のアウトラインを引いたらボトルの下半分に濃い色、上半分に薄い色のアイシングを流し込み(p.21)、色の境目をニードルで混ぜてグラデーションにする[b]。

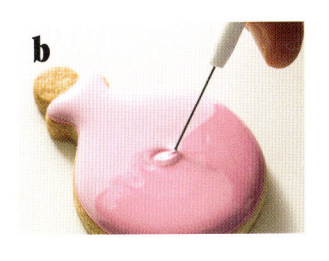

4 ラベルを作る。1mm厚さにのばしたシュガーペーストをオーバル型で抜き、アルコールをぬって貼る。

5 ラベルにアルコールで溶いた色素で文字を描き、ティアドロップでラベルの縁に模様を描く(p.20)。

6 蓋に大きめのマルを絞り、乾く前に銀箔シュガーをふりかける。

目玉パーツ

ミイラの棺

1 〈ミイラパーツ〉ミイラパーツのテンプレートの上にOPPシートをセットし、形どおりに頭→体→足の順番に絞る。乾く前にノンパレル(オレンジ)を目の位置におく。

2 乾いたら包帯部分をWH(2秒)で筆でぬる[c]。

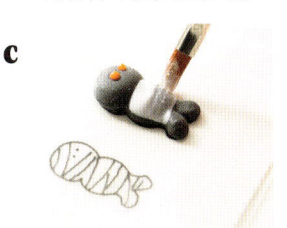

3 〈ミイラの棺〉クッキーのくぼみ部分にミイラパーツ→ノンパレルの順番に入れ、カットしたウエハーペーパーを接着する(p.25)。

4 クッキーの形どおりにアウトラインを引き、ベースのアイシングを流し込む(p.21)。

5 しっかり表面が乾いたら筆でテクスチャー用のアイシングを全体にぬり、乾く前に爪楊枝でひっかいて木目模様を入れる[d]。

6 R.I.P(安らかに眠れの意味)を描く。口金で花のパーツを、シュガーペーストで小さな花のパーツを作り、葉っぱ模様を描いてから接着する。

* 花はp.23のMARPOL101°の口金で花を作る手順とp.24のシュガーペーストの花を作る手順参照。

ミイラパーツ

Christmas

クリスマス

待ちわびた朝、心が躍る。
すてきな包みのプレゼントをパカッ！
サンタさんがくれたのはふわっふわのテディベア。

クリスマス

準備するものと材料

プレゼントボックス →テンプレートはp.91

☐ くぼみつきギフトボックス型クッキー ☐ ウエハーペーパー
☐ ノンパレル（クリスマスミックス） ☐ アルコール ☐ 色素（NR）

シュガーパーツ

テディベアパーツ＝BR（パーツ用）、マフラー＝BR+GY（中間）
フードペン（BL）

アイシングの色とかたさ

アウトライン＝SB+BL（中間）
ベース＝SB+BL（5秒）
キャンディケイン模様＝WH（パーツ用）
リボン、赤い実＝NR+BL（中間）
葉っぱ＝KG+BR+BL（中間）

テディベア →テンプレートはp.91

☐ テディベア型クッキー ☐ アルコール ☐ 色素（BR）

アイシングの色とかたさ

アウトライン＝BR（中間）
ベース＝BR（5秒）
テクスチャー＝BR（2秒）
目、鼻＝BR+BL（パーツ用）
マフラー＝BR+GY（中間）

クリスマスツリー →テンプレートはp.91

☐ クリスマスツリー型クッキー ☐ アラザン（ゴールド）

アイシングの色とかたさ

幹、枝＝BR+BL（中間）
葉＝KG+BR+BL（中間）
雪化粧＝WH（2秒）

テディベアパーツ

プレゼントボックス

1 〈テディベアパーツ〉テディベアパーツのテンプレートの上にOPPシートをセットし、形どおりに頭耳→手足→体の順番に絞る **[a]**。

2 乾いたらマフラーをジグザグ線で描き（p.20）、フードペンで目、鼻を描く。

3 〈プレゼントボックス〉クッキーのくぼみ部分にテディベアパーツ→ノンパレルを順番に入れ、カットしたウエハーペーパーを接着する（p.25）。

4 四角くアウトラインを描いたらベースのアイシングを流し込み（p.21）、表面が乾いたらリボンの線を描く **[b]**。結び目は右寄りにする **[c]**。

5 リボンの線を避けてキャンディケイン模様、葉っぱ、赤い実を描く。

6 キャンディケイン模様が乾いたら、ごく少量のアルコールで溶いた色素でストライプを描く。

テディベア

1 耳、顔、体、手、足に分けてアウトラインを引き、体と耳のベースを流し込む(p.21)。

2 表面が乾いたら顔と両手足のベースを流し込み、顔が乾いたらBR(中間)で鼻を絞る。

3 全体がしっかり乾いたら、テクスチャー用の2秒アイシングを毛先が短めの筆にとり、表面をトントンとたたくようにしてぬり広げていく [d]。

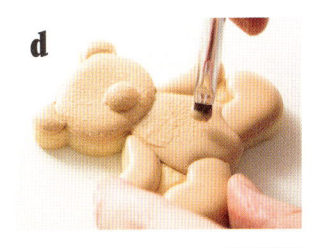

4 ティアドロップでマフラーの編み目 [e]、直線でフリンジを描く(p.20)。

5 目と鼻をドットで描き(p.20)、少量のアルコールで溶いた色素でステッチの線を描く。

クリスマスツリー

1 中央に太めの幹を描き、幹より少し細めの枝を描く [f]。

2 枝から1本ずつ葉っぱを描き、全体のバランスを見て隙間があれば枝と葉っぱを描き足す。

3 アラザンを置きたいところにアイシング(中間)を絞ってから接着する。

4 乾いたら雪化粧のアイシングを毛先が短めの筆にとり、表面をトントンとたたくように枝の先端を中心にぬる [g]。

Winter Season

52

しんしんと雪が降る夜。
おうちのドアをコンコンパカッ！
ジンジャーブレッドマンがにっこりお出迎え。

ウインターシーズン

準備するものと材料

ジンジャーブレッドハウス

□ くぼみつきジンジャーブレッドハウス型クッキー
□ ウエハーペーパー　□ ノンパレル（クリスマスミックス）
□ アラザン（ゴールド）

シュガーパーツ

ジンジャーブレッドマンパーツ＝BR（パーツ用）
フードペン（BL、BR）

アイシングの色とかたさ

アウトライン＝BR（中間）
ベース＝BR（5秒）
ドア＝NR+BR（中間、パーツ用）
雪＝WH（パーツ用）
模様＝WH（中間）

スノーマン

□ くぼみつきスノーマン型クッキー　□ ウエハーペーパー
□ グラニュー糖　□ スプリンクル（スノーフレーク）

アイシングの色とかたさ

アウトライン＝WH（中間）
ベース＝WH（5秒）
マフラー＝WH+GY+BR、KG+BR（中間）、WH+GY+BR、NR+BR（中間）
鼻＝OR+BR（中間）
目＝竹炭BL（パーツ用）
手＝BR+BL（中間）
フードペン（BL）

スノーフレーク

□ スノーフレーク型クッキー　□ シュガーパール

アイシングの色とかたさ

ベース＝WH（2秒）
模様＝WH（中間）

ジンジャーブレッドハウス

1 〈ジンジャーブレッドマンパーツ〉ジンジャーブレッドマンパーツのテンプレートの上にOPPシートをセットする。頭→手体足の順番に絞り、乾く前にノンパレルをおく。

2 乾いたらフードペンで目（BL）と口（BR）を描く。

3 〈ジンジャーブレッドハウス〉クッキーのくぼみ部分にジンジャーブレッドマンパーツ→ノンパレルを順番に入れ、カットしたウエハーペーパーを接着する（p.25）。

4 クッキーの形どおりにアウトラインを引き、ベースを流し込む（p.21）。

5 しっかり表面が乾いたらニードルで模様を下書きする [a]。ドアのアウトラインを引いてベースを流し込み、乾く前にアラザンをおく。

6 下書きどおりに模様を描き、屋根に雪を絞る [b]。

 ジンジャーブレッドマンパーツ

スノーマン

1　クッキーのくぼみ部分にスノーフレークとグラニュー糖を入れ、カットしたウエハーペーパーを接着する(p.25)。

2　クッキーの形どおりにアウトラインを引き、ベースのアイシングを流し込む(p.21)。乾いたらティアドロップでマフラー、直線でマフラーのフリンジを描く(p.20)。
　　＊オフホワイトとグリーン（赤いマフラーはオフホワイトとレッド）を交互に使って絞る。

3　目と鼻にアイシングを絞り、手は直線で描く。口はフードペンで描く。

スノーフレーク

1　湿らせた平筆（または刷毛）で2秒アイシングをクッキーの表面にぬる [c]。縁にはみ出したアイシングはきれいにぬぐう。

2　直線とティアドロップで模様を絞り(p.19〜20)、中央にシュガーパールをつける。

c

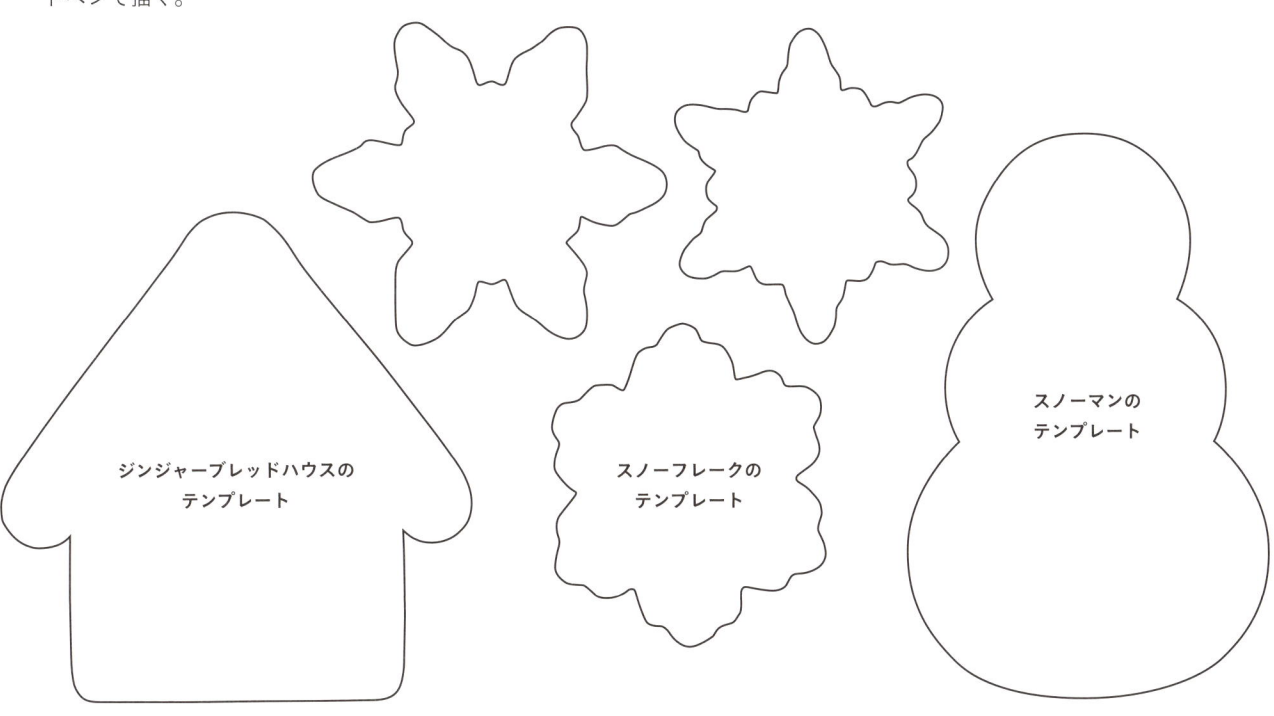

ジンジャーブレッドハウスの
テンプレート

スノーフレークの
テンプレート

スノーマンの
テンプレート

New Year

ニューイヤー

新年をお祝いするガレット・デ・ロワ。
今年の当たりは誰でしょう？　パカッ！
フェーブに見立てたラッキーモチーフを忍ばせて。

ニューイヤー

準備するものと材料

ガレット・デ・ロワ　→テンプレートはp.91
- □ くぼみつきマル型クッキー
- □ ウエハーペーパー
- □ 色素（OR+BR）
- □ アルコール
- □ クリスタルシュガー（ゴールド）

シュガーパーツ
- 四つ葉のフェーブパーツ＝KG+GY（パーツ用）

アイシングの色とかたさ
- アウトライン＝BR+OR（中間）
- ベース＝BR+OR（5秒）
- 模様＝BR+OR（2秒）

王冠　→テンプレートはp.91
- □ 王冠型クッキー
- □ アラザン（ゴールド、シルバー）

アイシングの色とかたさ
- アウトライン、模様＝GY+BR（中間）
- ベース＝GY+BR（5秒）

カトラリー　→テンプレートはp.91
- □ フォーク型クッキー
- □ ナイフ型クッキー
- □ アラザン（シルバー）

アイシングの色とかたさ
- アウトライン、模様＝BL（中間）
- ベース＝BL（5秒）

ガレット・デ・ロワ

1　〈四つ葉のフェーブパーツ〉四つ葉のテンプレートの上にOPPシートをセットし、葉っぱを1枚ずつ絞る。このとき中心はくっつける。

2　〈ガレット・デ・ロワ〉クッキーのくぼみ部分に四つ葉のフェーブパーツとクリスタルシュガーを順番に入れ、ウエハーペーパーを接着する（p.25）。

3　クッキーのやや内側に形どおりのアウトラインを引き、ベースのアイシングを流し込む（p.21）。

4　しっかり乾いたら2秒アイシングを細筆でぬって模様をつけ**[a]**、周りをティアドロップで囲む（p.20）。

5　しっかり乾いたら少量のアルコールで溶いた色素で焼き色を筆でペイントする**[b]**。

王冠

1 クッキーの形どおりにアウトラインを引き、ベースを流し込む(p.21)。
2 表面が乾いたらティアドロップと曲線で模様を描き(p.19〜20) **[c]**、アラザンをおく。

c

カトラリー

1 写真のようにアウトラインを引き **[d]**、ベースを流し込む(p.21)。
2 表面が乾いたらティアドロップで模様を描き(p.20)、アラザンをつける。

d

いろいろなラッキーモチーフパーツ

四つ葉
幸運の象徴・4つの葉は愛、健康、富、名声
アイシング＝KG+BR（パーツ用）
作り方／テンプレートの上にOPPシートをのせ、形どおりに絞る。

てんとう虫
幸運の訪れ・病気や災いを運び去る
アイシング＝NR+BL、竹炭BL（パーツ用）
作り方／テンプレートの上にOPPシートをのせ、ドットで頭と体を絞る。乾いたらフードペン（BL）で模様を描く。

シューホース
魔除け・幸運を逃さない
アイシング＝竹炭BL（パーツ用）
作り方／テンプレートの上にOPPシートをのせ、形どおりに絞る。乾く前にアラザンをおく。

ハート
幸福・恋愛成就
アイシング＝PK+BR（パーツ用）
作り方／テンプレートの上にOPPシートをのせ、形どおりに絞る。

星
希望・輝く未来
アイシング＝GY（パーツ用）
作り方／テンプレートの上にOPPシートをのせ、形どおりに絞る。

Valentine's Day

バレンタイン

Happy Valentine's Day ！
想いが詰まったリップをパカッ！
照れ屋さんでも気持ちが伝わるアイデアです。

バレンタイン

準備するものと材料

おしゃべりリップ →テンプレートはp.92

- □ くぼみつきリップ型クッキー
- □ ウエハーペーパー
- □ ノンパレル（レッド）

シュガーパーツ

文字パーツ＝WH、BR+BL（パーツ用）

アイシングの色とかたさ

アウトライン＝NR+BR（中間）
ベース＝NR+BR（5秒）

チョコレートボックス →テンプレートはp.92

- □ くぼみつきハート型クッキー
- □ ウエハーペーパー
- □ ノンパレル（レッド）
- □ 色素（NR+BR）
- □ アルコール

シュガーパーツ

チョコレートパーツ＝WH、BR+BL（パーツ用）

アイシングの色とかたさ

アウトライン＝NR+BR（中間）
ベース＝NR+BR（5秒）
バラ模様＝NR+BR（5秒）
葉っぱ模様＝KG+GY+BR（5秒）
口金MARPOL101°＝WH（かため）

ラブレター →テンプレートはp.92

- □ くぼみつきギフトボックス型クッキー
- □ ウエハーペーパー
- □ スプリンクル（バレンタインミックス）

アイシングの色とかたさ

アウトライン＝WH（中間）
ベース＝WH（5秒）
シーリングスタンプ＝PK+BR（パーツ用）
ハート模様＝NR+BL、CR、CR+VI（中間）

 XO

おしゃべりリップ

1 〈文字パーツ〉テンプレートの上にOPPシートをセットし、WHで文字の土台を絞る[a]。乾いたらBR+BLで文字を描く。
　＊「XO」や「スキ」など簡単で短い文字が向いている。

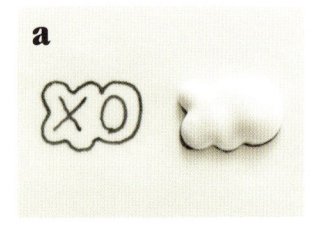
a

2 〈おしゃべりリップ〉クッキーのくぼみ部分に文字パーツ、ノンパレルを順番に入れ、ウエハーペーパーを接着する（p.25）。

3 上唇と下唇に分け、クッキーの形どおりにアウトラインを引いて、ベースのアイシングを時間差で流し込む（p.21）。

 文字パーツ

チョコレートボックス

1 〈チョコレートパーツ〉テンプレートの上にOPPシートをセットして直径1㎝未満の丸い土台を絞り、模様を描く。

2 〈チョコレートボックス〉クッキーのくぼみ部分にチョコレートパーツ、ノンパレルを順番に入れ、ウエハーペーパーを接着する（p.25）。

3 クッキーの形どおりにアウトラインを引き、ベースのアイシングを流し込む（p.21）。

4 乾く前にバラ模様のアイシングでドットを3つ絞り（p.20）、それぞれのドットの中心をニードルでひっかくようにくるくると混ぜ [b]、バラ模様を描く。

5 バラ模様のあいているところにバランスよく緑のドットを絞る。乾いたらごく少量のアルコールで溶いた色素で花びらを描き足し [c]、口金でリボンを絞る [d]。

ラブレター

1 フードペンでメッセージを書いたウエハーペーパー（1.5×2.5㎝）とスプリンクルをくぼみに入れ、ウエハーペーパーを接着する（p.25）。

2 四角にアウトラインを引き、蓋のラインも引いて時間差でベースを流し込む（p.21）。表面が乾いたらティアドロップで（p.20）ハート模様を描く。

3 スタンプ位置にアイシングで直径1㎝のドットを絞り（p.20）、乾く前に直径1㎝のマルに切ったウエハーペーパーを真上におく。

 ＊シーリングスタンプの色は薄いほうがウエハーペーパーが目立ちにくい。

4 筆の柄で押しつけるようにして貼り [e]、中央にハートを描く。

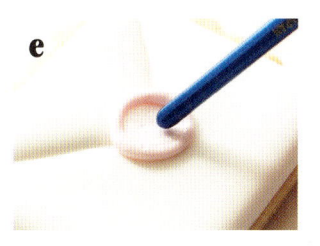

 チョコレートパーツ

Gender Reveal

ジェンダーリビール

Boy or Girl ?
ワクワクしながらロンパースをパカッ！
ピンクやブルーのスプリンクルとベビーが「Hello!」と飛び出します。

ジェンダーリビール

準備するものと材料

ロンパース

☐ くぼみつきロンパース型クッキー

☐ ウエハーペーパー

☐ スプリンクル（ミニパステルコンフェッティ）

シュガーパーツ

　ベビーパーツ＝PK+GY+BR（パーツ用）

　フードペン（BR）

アイシングの色とかたさ

　アウトライン＝BR+BL（中間）

　ベース＝BR+BL（5秒）

　レース＝WH（中間）

　ドット＝WH（パーツ用）

Boy or Girl？

☐ オーバル型クッキー

☐ シュガーペースト（RB+VI と NR+VIで着色）

アイシングの色とかたさ

　ラフベース＝WH（2秒）

　文字＝WH（中間）

　つぼみ＝RB+VI、CR+VI（パーツ用）

　葉っぱ＝LG+GY+BR（中間）

ロンパース

1　〈ベビーパーツ〉テンプレートの上にOPPシートをセットし、頭→手→体→足の順番に絞る。女の子にはNR（中間）でリボンを絞る **[a]**。

2　乾いたらフードペンで目と口を描く。

3　〈ロンパース〉クッキーのくぼみ部分にベビーパーツ→スプリンクルを順番に入れ、ウエハーペーパーを接着する（p.25）。

4　クッキーの形どおりにアウトラインを引き、ベースのアイシングを流し込む（p.21）。

5　乾いたら襟、袖、足の部分にレース模様 **[b]**、全体にドットを絞る（p.20）。

ベビーパーツ

Boy or Girl ？

1 湿らせた平筆（または刷毛）でラフベースをクッキーにぬる。はみ出したアイシングはきれいにぬぐう。

2 乾いたらニードルで文字を下書きする。

3 シュガーペースト2色をバラのモールドで型取りして（p.24）対角線上に接着する。葉っぱ、つぼみの順に絞る [c]。

c

ロンパースの
テンプレート

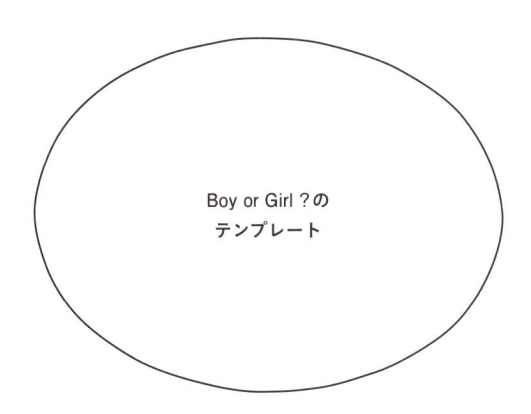

Boy or Girl ？の
テンプレート

Birthday

バースデー

バルーンいっぱいのお誕生日会。
主役のあの子がケーキをパカッ！
バースデーナンバーを入れてあげるとうれしい演出に。

バースデー

バースデーケーキ

- □ くぼみつきマル型クッキー
- □ ウエハーペーパー
- □ スプリンクル（ミニパステルコンフェッティ）

シュガーパーツ

数字パーツ＝SB+BL（パーツ用）

アイシングの色とかたさ

アウトライン＝WH（中間）
ベース＝WH（5秒）
口金MARPOL17S＝WH（かため）
いちご＝NR+BL（パーツ用）
文字＝BR（中間）

バルーン

- □ バルーン型クッキー
*ロリポップスティックでくぼみをつけてから焼く。
- □ ロリポップスティック
- □ リボン
- □ ワイヤーモール

アイシングの色とかたさ

アウトライン＝SB+KG、SB（中間）
ベース＝SB+KG、SB（5秒）
バルーン模様＝WH（5秒）

バースデーケーキ

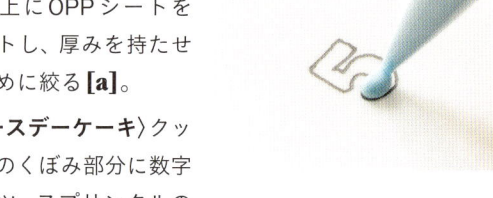

1 〈数字パーツ〉テンプレートの上にOPPシートをセットし、厚みを持たせて太めに絞る [a]。

2 〈バースデーケーキ〉クッキーのくぼみ部分に数字パーツ、スプリンクルの順に入れ、ウエハーペーパーを接着する（p.25）。

3 クッキーの形どおりにアウトラインを引き、ベースのアイシングを流し込む（p.21）。

4 しっかり乾いたらクリームを絞り [b]、中央に文字を描く。最後にいちごをバランスよく絞る。

数字パーツ

バルーン

1 くぼみにアイシング(中間)を絞り、ロリポップスティックを接着する [c]。クッキーの形どおりにアウトラインを引き [d]、ベースを流し込む(p.21)。乾く前に模様を入れる。

   ＊ベースが完全に乾くまでスティックを持たないこと。

2 リボンを結んでワイヤーモールを通し、バルーンの結び目あたりに結ぶ [e]。

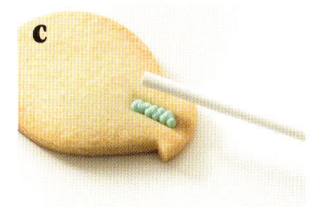

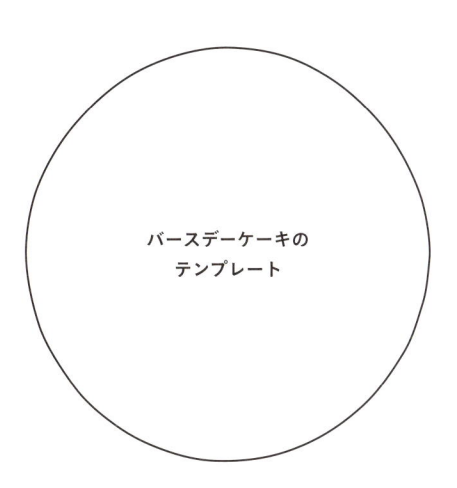

バースデーケーキの
テンプレート

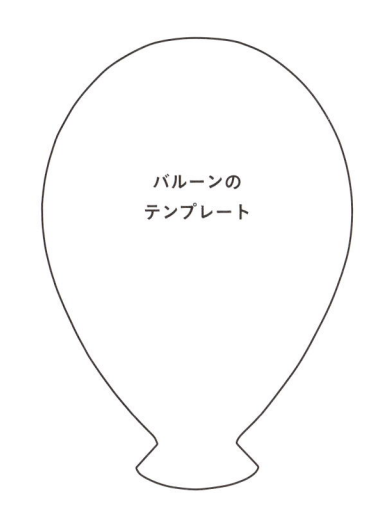

バルーンの
テンプレート

Piñata

ピニャータ

にぎやかなメキシカンフィエスタ。
ろばのピニャータをパカッ！
甘〜いお菓子がどっさり。

ピニャータ

准備するものと材料

ピニャータ

□ くぼみつきピニャータ型クッキー
□ ウエハーペーパー　□ カラーシュガーミンツ

シュガーパーツ

お菓子パーツ＝WH、OR（パーツ用）

アイシングの色とかたさ

アウトライン＝WH（中間）
ベース＝WH（5秒）
ピニャータのフリンジ＝SB、LG+GY、OR、CR（中間）
白目＝WH（パーツ用）
黒目＝竹炭BL（パーツ用）

サボテン

□ サボテン型クッキー　□ シュガーペースト（CRで着色）
□ サンディングシュガー（ライムグリーン）

アイシングの色とかたさ

アウトライン＝KG+GY+BR（中間）
ベース＝KG+GY+BR（5秒）
サボテンのライン＝LG+GY+BR（中間）

ギター

□ ギター型クッキー　□ アラザン

アイシングの色とかたさ

アウトライン＝BR+OR（中間）
ベース＝BR+OR、BR+BL（5秒）
ギターの穴＝竹炭BL（2秒）
弦＝WH（中間）
模様＝WH、竹炭BL（中間）

お菓子パーツ

ピニャータ

1　〈お菓子パーツ〉テンプレートの上にOPPシートをセットし、直径1cm未満の丸い土台を絞ってから模様を描く。

2　〈ピニャータ〉クッキーのくぼみ部分にお菓子パーツ、カラーシュガーミンツを順に入れ、ウエハーペーパーを接着する（p.25）。

3　しっぽを避けてクッキーの形どおりにアウトラインを引き、ベースのアイシングを薄めに流し込む（p.21）。

4　表面が乾いたら下（足）から1段ずつジグザクに絞る（p.20）。次の色を絞るとき、少し重ねるようにする [a]。

a

5　しっぽは直線（p.19）とジグザク線で描き、ドットで白目と黒目を絞る（p.20）。

ピニャータの
テンプレート

サボテン

1 クッキーの形どおりにアウトラインを引き、ベースを流し込む(p.21)。

2 表面が乾いたら縦のラインを1本描き、すぐにサンディングシュガーをふりかける。乾いたら余分なサンディングシュガーを筆ではらう **[b]**。これをくり返す。

3 シュガーペーストで花のパーツを作って(p.24)接着する。
 * p.24のシュガーペーストで作る花の手順を参照。

サボテンの
テンプレート

ギター

1 筆でギターの穴の部分に薄くアイシングをぬる。

2 乾いたら穴の線とクッキーの形どおりにアウトラインを引く(p.21) **[c]**。

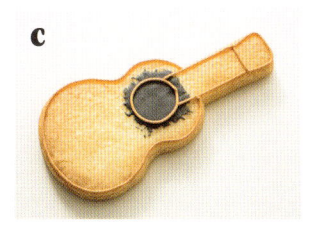

3 本体部分と持ち手部分のベースをそれぞれの色で流し込む。

4 乾いたら弦 **[d]** と模様を描き、アラザンを接着する。

ギターの
テンプレート

Dreamy

ゆめかわ

夜空をかけるユニコーン。
お星さまとこっつんパカッ！
星のシャワーがキラキラキラ。

ゆめかわ

準備するものと材料

きらきら星

☐ くぼみつき星型クッキー（p.9参照）
☐ ウエハーペーパー　☐ クリスタルシュガー（イエロー）

アイシングの色とかたさ

アウトライン＝GY（中間）
ベース＝GY（5秒）
模様＝GY（中間）、GY（2秒）（ベースより薄い色）

虹の雲

☐ くぼみつき雲型クッキー
☐ ウエハーペーパー　☐ クリスタルシュガー（レインボーミックス）

シュガーパーツ

虹パーツ＝R、GY、SB、WH（パーツ用）

アイシングの色とかたさ

アウトライン＝WH（中間）
ベース＝WH（5秒）
雨＝SB+VI（中間／濃淡で2種）

ユニコーン

☐ ユニコーン型クッキー　☐ 色素（SB、PK）

アイシングの色とかたさ

アウトライン、花＝WH（中間）
ベース＝WH（5秒）
ツノ、星、花芯＝GY（中間）
目＝竹炭BL（パーツ用）
口金MARPOL17S＝VI（かため）

 虹パーツ

きらきら星

1　クッキーのくぼみ部分にクリスタルシュガーを入れ、ウエハーペーパーを接着する（p.25）。

2　形どおりにアウトラインを引き、ベースのアイシングを流し込む（p.21）。乾いたら一部にワントーン明るいイエローを筆でぬり、星模様を描く [a]。

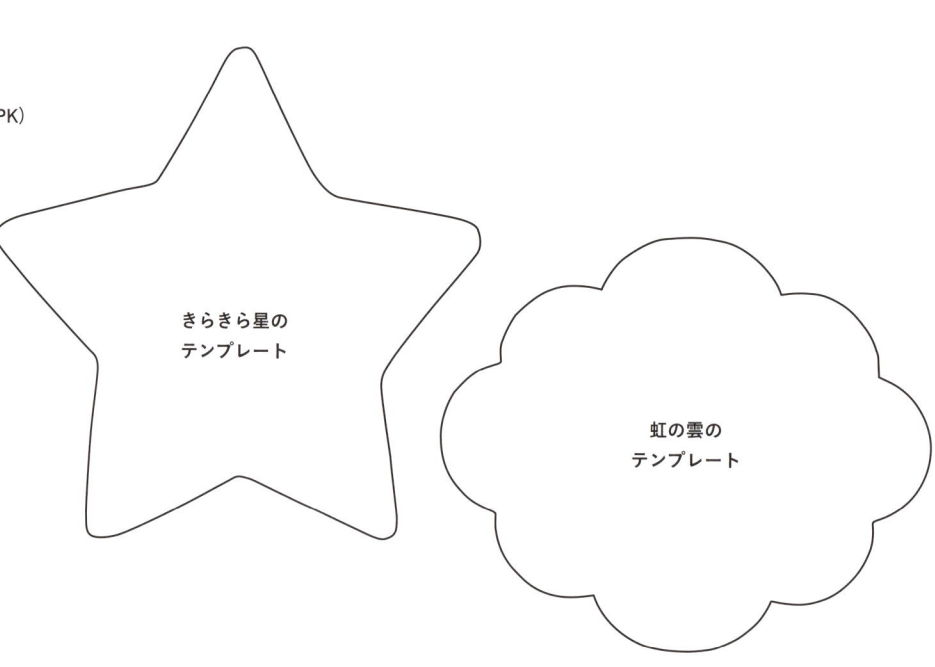

きらきら星の
テンプレート

虹の雲の
テンプレート

虹の雲

1　〈虹パーツ〉テンプレートの上にOPPシートをセットし、3色で半円を絞る。

2　乾いたらWHで雲を立体的に絞る **[b]**。

b

3　〈虹の雲〉クッキーのくぼみ部分に虹パーツ、クリスタルシュガーを順に入れ、ウエハーペーパーを接着する(p.25)。

4　クッキーの形どおりにアウトラインを引き、ベースのアイシングを流し込む(p.21)。

5　乾いたら雨をティアドロップ2色で描く(p.20)。

ユニコーンの
テンプレート

ユニコーン

1　ツノ、たてがみ、しっぽを除いてクッキーの形どおりにアウトラインを引き、ベースを流し込む(p.21) **[c]**。

c

2　ツノをジグザグに絞る(p.20)。

3　口金の内側に色素をそれぞれ筆でぬり **[d]**、コルネにセットしてVI(かため)を詰め、たてがみとしっぽを絞る **[e]**。

*　口金の内側にぬった色素のきれいなグラデーションが出てきてから絞る。

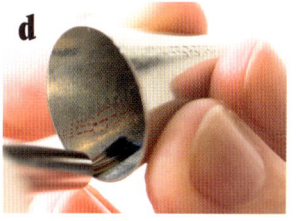

d

4　胸もとに等間隔に3つの花をティアドロップで描き(p.20)、間に星を描く。花芯と目にドットを絞る(p.20)。

e

Fossil

化石

化石探しに大忙し。
ジュラ紀の地層をコンコンパカッ！
恐竜の骨がガランゴロン。

化石

恐竜の化石

準備するものと材料

恐竜の化石

☐ くぼみつきストーン型クッキー
☐ ウエハーペーパー
☐ ノンパレル（ライムグリーン、ブルー）
☐ ココアパウダー

シュガーパーツ

骨、アンモナイトパーツ＝WH（パーツ用）

アイシングの色とかたさ

アウトライン＝BR+BL（中間）
ベース＝BR+BL（5秒）
テクスチャー＝BR+BL（2秒）
葉っぱ＝LG+GY+BR、KG+BR（中間）

恐竜の足跡

☐ 適当な形にナイフでカットしたクッキー

アイシングの色とかたさ

アウトライン＝BL+BR（中間）
ベース＝BL+BR（5秒）
足跡＝竹炭BL（2秒）
テクスチャー＝BL+BR（2秒）
葉っぱ＝KG+BR（中間）

恐竜の卵

☐ 卵型クッキー
☐ 色素（緑はKG+BR、紫はVI+BR）
☐ アルコール

アイシングの色とかたさ

アウトライン＝KG+YG+BL、VI+BR（中間）
ベース＝KG+YG+BL、VI+BR（5秒／濃淡2種）

1 〈骨、アンモナイトパーツ〉テンプレートの上にOPPシートをセットする。恐竜の頭は空洞を残して絞り、アンモナイトは巻貝の筋を残してジグザグ線で絞る（p.20）。

2 しっかり乾いたら、ところどころにココアパウダーを筆でこすりつけるようにしてぬる **[a]**。

3 〈恐竜の化石〉クッキーのくぼみ部分に恐竜の骨→ノンパレルを順番に入れ、ウエハーペーパーを接着する（p.25）。

4 クッキーの形どおりにアウトラインを引き、ベースのアイシングを流し込む（p.21）。乾く前に骨とアンモナイトパーツを置いてニードルで軽く押し込む **[b]**。

5 しっかり乾いたら筆でテクスチャーをつけ、葉っぱを描く。
＊テクスチャーはp.51の手順参照。

骨、アンモナイトパーツ

恐竜の足跡

1 クッキーの中心あたりに筆で薄く竹炭 BL のアイシングをぬる。乾いたらニードルで足跡を下書きする [c]。

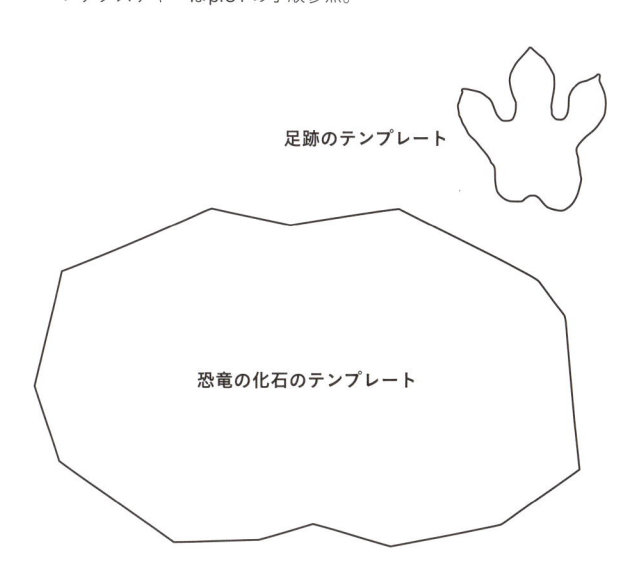
c

2 クッキーのアウトラインと足跡のラインを引き、ベースのアイシングを流し込む(p.21)。

3 しっかり乾いたら筆でテクスチャーをつけ、葉っぱを描く。
 * テクスチャーは p.51 の手順参照。

足跡のテンプレート

恐竜の化石のテンプレート

恐竜の卵

1 クッキーの形どおりにアウトラインを引き、ベースのアイシング(濃)を流し込む(p.21)。乾く前にアイシング(淡)でいびつなドット模様を入れる。

2 表面が乾いたら、スプーンの背で軽く押してひび割れをつける [d]。

d

3 ごく少量のアルコールで溶いた色素を毛足の短い筆に含ませ、筆先を指ではじいて斑点模様をつける [e]。

e

恐竜の卵の
テンプレート

Honeybee

ミツバチ

ミツバチの巣　→テンプレートはp.92

☐ くぼみつき雲型クッキー
☐ ウエハーペーパー
☐ ノンパレル（ホワイト、イエロー）

シュガーパーツ

　ミツバチパーツ＝WH（中間）、GY（パーツ用）
　フードペン（目と縞模様はBL、口はBR）

アイシングの色とかたさ

　アウトライン＝GY（中間）
　ベース＝GY（5秒）
　巣の穴＝竹炭BL（2秒）
　葉っぱ＝KG+GY+BR（かため）
　枝＝BR+BL（中間）

花　→テンプレートはp.92

☐ 花型クッキー

アイシングの色とかたさ

　口金WILTON5＝WH、VI（かため）
　花芯＝GY（パーツ用）

ミツバチパーツ

ミツバチの巣

1　〈ミツバチパーツ〉テンプレートの上にOPPシートをセットし、ティアドロップで羽を絞る（p.20）。乾いたら頭と体を絞る **[a]**。

2　完全に乾いたらフードペンで縞模様と目、口を描く。

3　〈ミツバチの巣〉クッキーのくぼみ部分にミツバチパーツ、ノンパレルを順番に入れ、ウエハーペーパーを接着する（p.25）。

4　穴の部分に筆で薄く竹炭BLのアイシングをぬる。枝と葉っぱのスペースを少しあけて穴とアウトラインを引く **[b]**。隣り合う面を避けてベースのアイシングを流し込み、時間差で残りの面にも流し込む（p.21）。

5　乾いたらGY（中間）でミツバチパーツを接着する **[c]**。枝を描き、葉っぱを絞る（p.20）。

a

b

c

花

1　口金をクッキーに垂直に当てて中心に向かって絞り出す。

2　花びらの間にもう1周絞り **[d]**、乾いたら花芯を小さなドットで絞る（p.20）。

d

お花畑で蜜あつめ。
ミツバチの巣をパカッ！
はたらきバチがブンブンブン。

Cheese

チーズ

> 準備するものと材料

かくれんぼチーズ →テンプレートはp.92

- □ くぼみつきマル型クッキー
- □ ウエハーペーパー
- □ ノンパレル(オータムミックス)

シュガーパーツ

  ネズミパーツ＝BL+BR、PK+BR(パーツ用)

  フードペン(BL)

アイシングの色とかたさ

  アウトライン＝GY(中間)

  ベース＝GY(5秒)

  チーズの穴＝OR+BR(2秒)

ネコ →テンプレートはp.93

- □ ネコ型クッキー

アイシングの色とかたさ

  アウトライン＝BR+GY、BL+BR(中間)

  ベース＝BR+GY、BL+BR(5秒)

  鼻＝WH(パーツ用)

  耳、鼻先＝PK+BR(中間)

  目＝SB、竹炭BL(パーツ用)

  リボン＝RB、CR+VI(中間)

かくれんぼチーズ

1　〈ネズミパーツ〉テンプレートの上にOPPシートをセットし、お尻のほうに丸みを持たせ、鼻に向かってややとがらせて絞る。

2　乾いたら耳を重ねて絞り、鼻としっぽを絞る。フードペンで目を描く。

3　〈かくれんぼチーズ〉クッキーのくぼみ部分にネズミパーツ→ノンパレルを順番に入れ、ウエハーペーパーを接着する(p.25)。

4　チーズ穴の色を筆で全体に薄くぬる。アウトラインはところどころ穴の部分を作りながら引き、チーズの穴をランダムに描く **[a]**。ベースのアイシングを流し込む(p.21)。

a

ネコ

1　顔、体、しっぽに分けてアウトラインを引く。顔としっぽにベースを流し込み、時間差で体のベースを流し込む(p.21)。

2　乾いたら鼻を絞り **[b]**、耳はティアドロップ、目と鼻先はドットで絞り(p.20)、首にリボンを描く。

b

ネズミパーツ

ネコとネズミのかくれんぼ。
おいしそうな穴あきチーズをパカッ！
あわてたネズミがチューチューチュー。

Arctic

北極

準備するものと材料

氷の大地 →テンプレートはp.93
- □ くぼみつきストーン型クッキー
- □ 適当な形にナイフでカットしたクッキー
- □ ウエハーペーパー □ ざらめ糖
- □ サンディングシュガー（スカイブルー）

シュガーパーツ
- マンモスパーツ＝BR+BL、WH（パーツ用）
- ホッキョクグマパーツ＝WH（パーツ用）
- アザラシパーツ＝BL+BR（パーツ用）
- フードペン（BL、BR）

アイシングの色とかたさ
- アウトライン＝SB+BL（中間）
- ベース＝SB+BL（5秒）
- 木＝KG+BR+BL（中間）

ノースポールサイン →テンプレートはp.93
- □ ノースポールサイン型クッキー
- □ 色素（NR） □ アルコール

アイシングの色とかたさ
- アウトライン＝WH（中間）
- ベース＝WH、BL+BR、NR+BR（5秒）
- 文字＝SB+BL、OR+BR（中間）
- 雪＝WH（パーツ用）

動物パーツ

氷の大地

1 〈動物パーツ〉それぞれのテンプレートの上にOPPシートをセットし、厚みをもたせて絞る。少し乾いてから、マンモスの耳と牙（WH）、ホッキョクグマの耳、アザラシの前足を重ねて絞る。

2 乾いたら目と鼻をフードペン（BL）で描き、アザラシの模様、マンモスの毛はフードペン（BR）で描く **[a]**。

3 〈氷の大地〉クッキーのくぼみ部分にマンモスパーツ→ざらめ糖→サンディングシュガーを順番に入れ、ウエハーペーパーを接着する（p.25）。

4 クッキーの形どおりにアウトラインを引き、ベースのアイシングを流し込む（p.21）。乾いたらジグザグ線で木を描く（p.20）**[b]**。

5 ホッキョクグマとアザラシパーツをベースのアインシングを絞って接着し **[c]**、アザラシの下にざらめ糖を接着する。

6 くぼみのないクッキーは作り方1～2と同様にしてホッキョクグマを作り、クッキーの形どおりにアウトラインを引いてベースを流し込む。乾いたら中間アイシングを絞ってホッキョクグマを接着し、ざらめ糖を接着する。

ノースポールサイン

1 支柱のアウトラインを引き、ベースのアイシングを薄めに流し込む（p.21）。乾いたらごく少量のアルコールで溶いた色素と細筆でストライプを描く。

2 標識部分のアウトラインを引き **[d]**、ベースのアイシングを流し込む。乾いたら文字を描き、雪を絞る。

シロクマやアザラシが住む北極。
氷の大地がパカッ！
太古のマンモスがカッチコチ。

クッキーのテンプレート

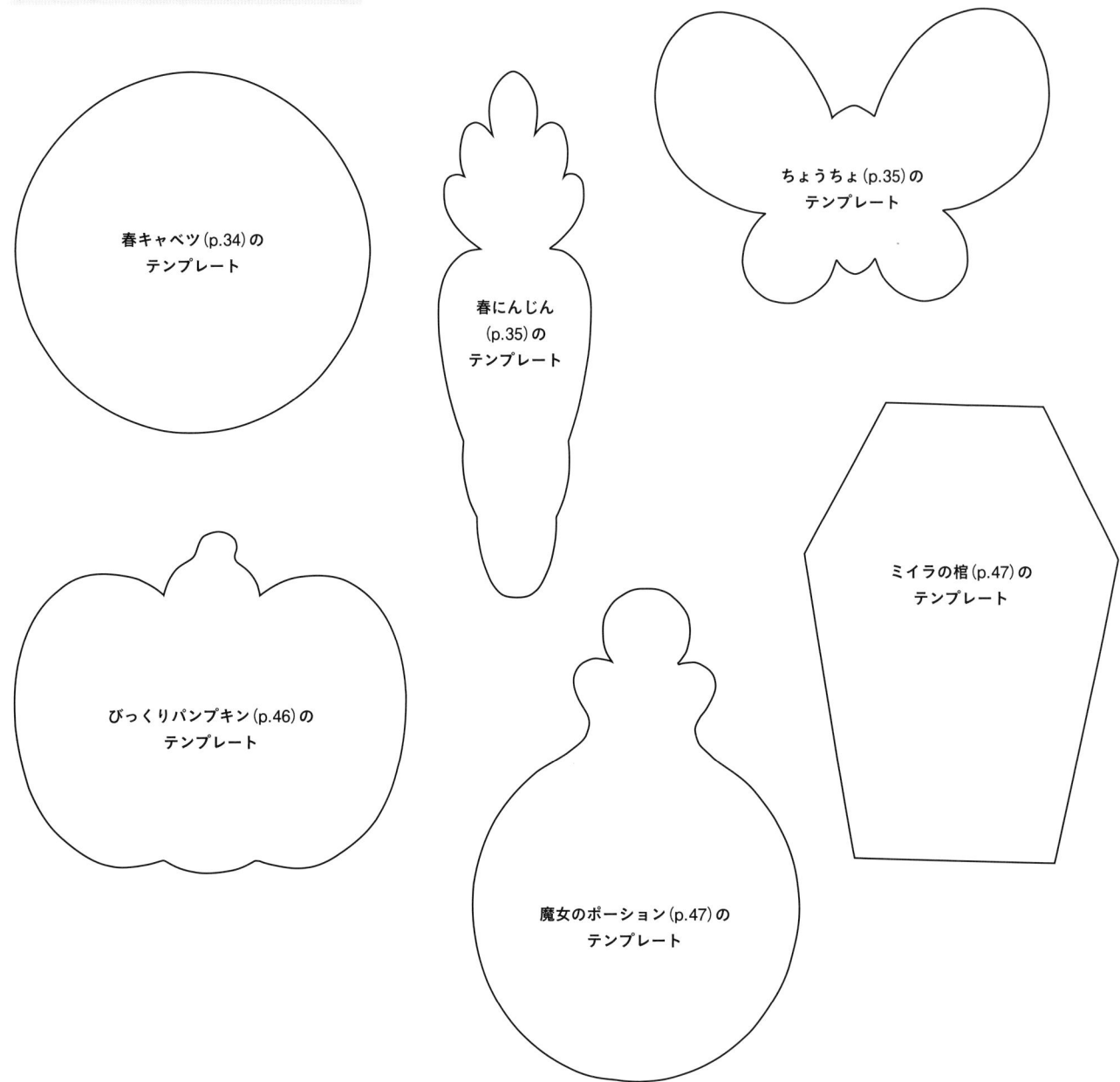

春キャベツ(p.34)の
テンプレート

春にんじん
(p.35)の
テンプレート

ちょうちょ(p.35)の
テンプレート

ミイラの棺(p.47)の
テンプレート

びっくりパンプキン(p.46)の
テンプレート

魔女のポーション(p.47)の
テンプレート

プレゼントボックス (p.50) の
テンプレート

クリスマスツリー (p.51) の
テンプレート

テディベア (p.51) の
テンプレート

カトラリー
(p.59) の
テンプレート

ガレット・デ・ロワ (p.58) の
テンプレート

王冠 (p.59) の
テンプレート

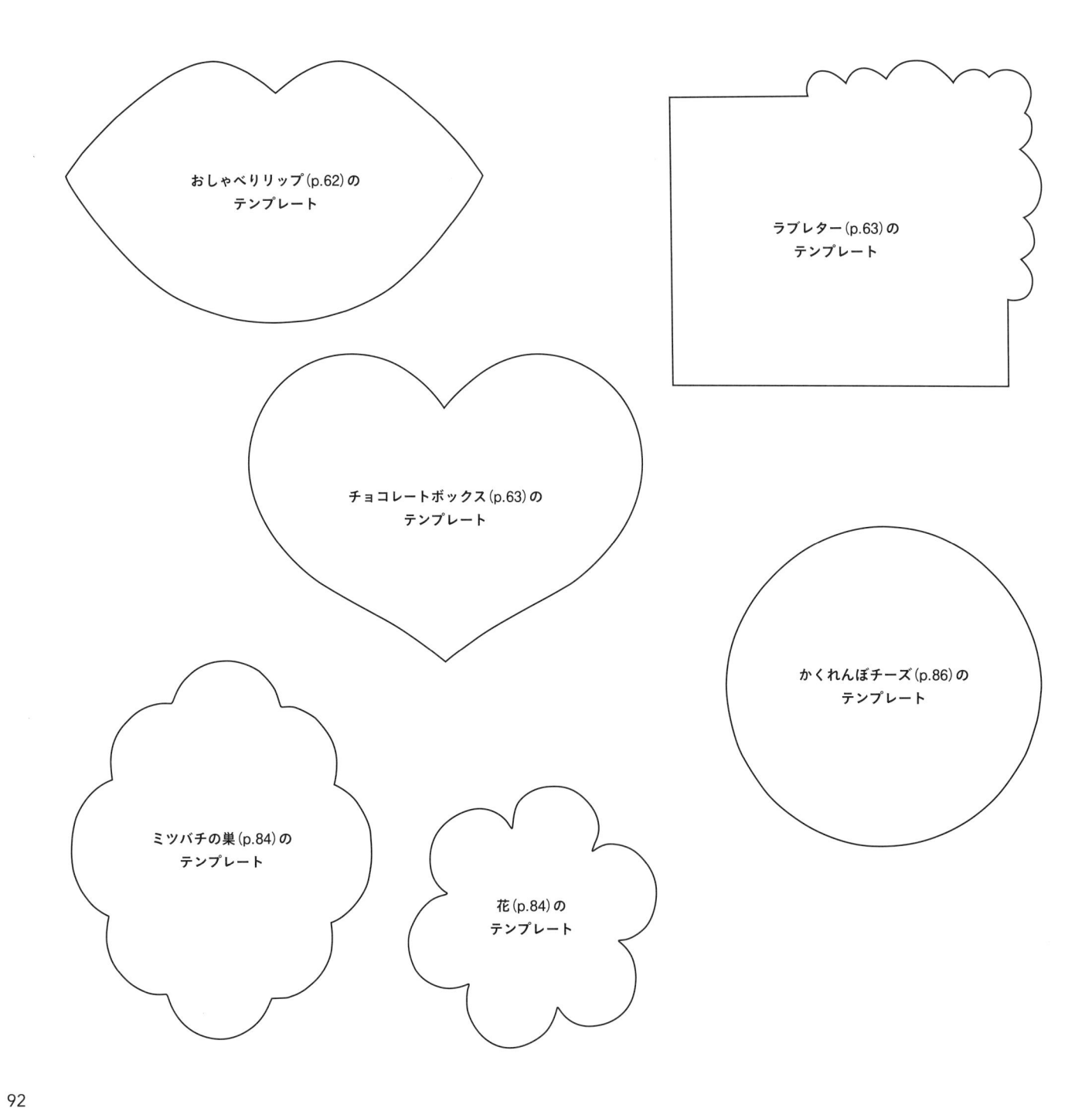

おしゃべりリップ (p.62) の
テンプレート

ラブレター (p.63) の
テンプレート

チョコレートボックス (p.63) の
テンプレート

かくれんぼチーズ (p.86) の
テンプレート

ミツバチの巣 (p.84) の
テンプレート

花 (p.84) の
テンプレート

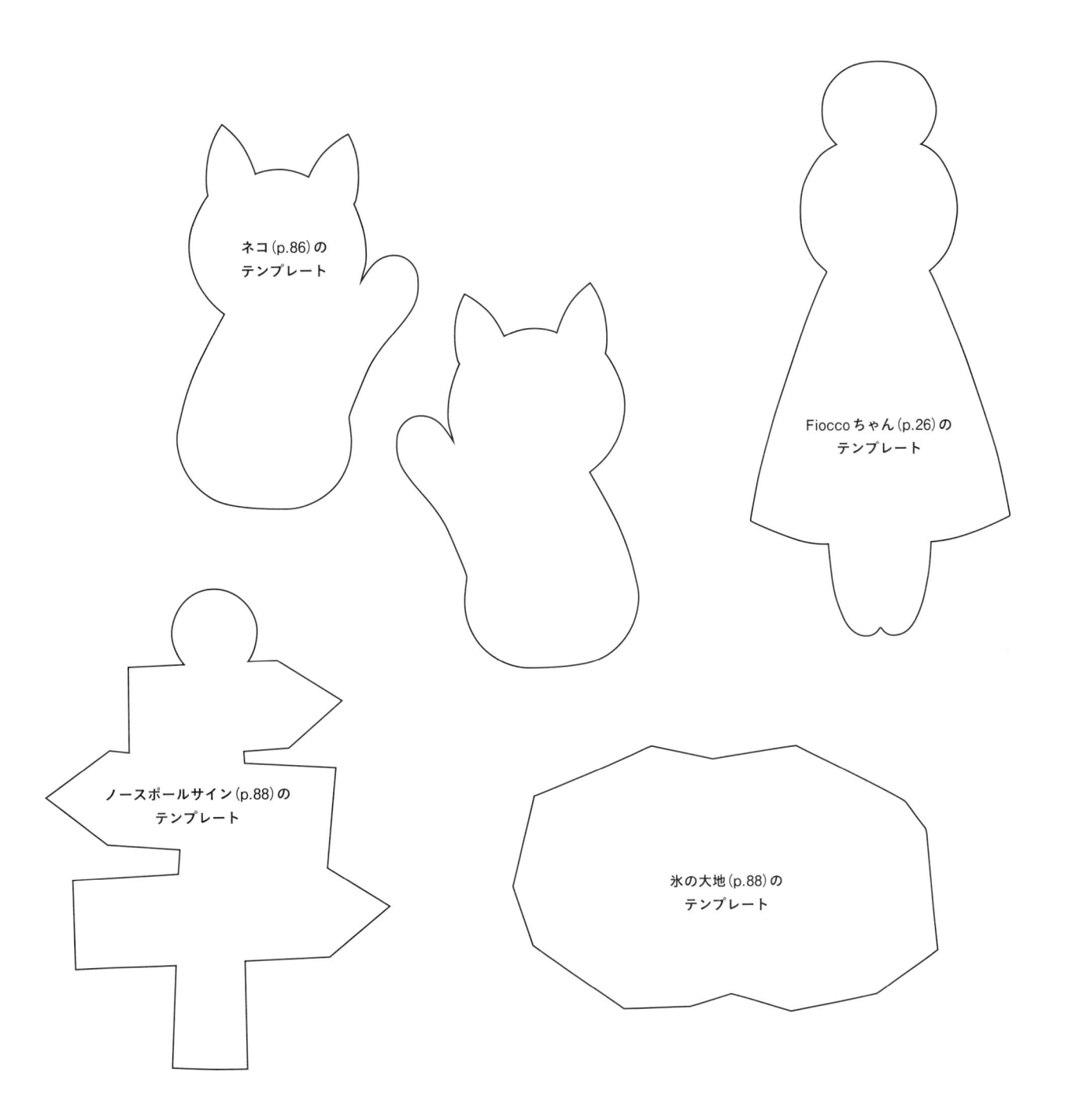

ネコ (p.86) の
テンプレート

Fiocco ちゃん (p.26) の
テンプレート

ノースポールサイン (p.88) の
テンプレート

氷の大地 (p.88) の
テンプレート

デコレーションで使う基本の道具

細かい作業が多いので、専用の道具をそろえておくときれいなデコレーションに仕上がります。

ⓐロールピン
シュガーペーストを薄くのばすときに使う。

ⓑ爪楊枝
フードカラーをとったり、テクスチャーをつけるときに使う。

ⓒニードル
アイシングを整えたり気泡をつぶしたりするのに便利。金属製の針が使いやすい。

ⓓプランジャー抜き型（ばねつきの抜き型）
ばねつきで簡単に型抜きできる。花や葉、星などがある。

ⓔスパチュラ
アイシングの着色やかたさ調節で練り混ぜるときに使う。平らなスプーンでもOK。

ⓕはさみ
コルネの先端やウエハーペーパーを切るときに使う。小さな手芸用はさみが使いやすい。

ⓖ口金
アイシングで花などを絞るときに使う。クッキーに合う小さなサイズが使いやすい。

ⓗスポイト
アイシングのかたさ調節をするとき、少しずつ水を足すのに便利。

ⓘピンセット
クッキーにアラザンやシュガーパーツを接着するときに使う。

ⓙモデリングツール
シュガーペーストの形成に使う。

ⓚフラワーネイル
口金を使って花を絞るときに使う。

ⓛシリコンモールド
花や貝殻、宝石などの精巧な型が豊富。シュガーペーストで簡単に型取りできる。

ⓜノンスティックボード
シュガーペーストを薄くのばすときに使う。

ⓝスポンジパッド
シュガーペーストの形成に使う。

ⓞ筆
面相筆や平筆、毛足の短い筆があるとよい。

ⓟ刷毛
型に打ち粉をはたいたり広い範囲に薄くアイシングをぬったりするときに使う。

ⓠ小さいガラスボウル
アイシングの着色やかたさ調節のときに使う。ガラス素材のものが色が見えやすい。

デコレーションの材料

アイシングクッキーのデコレーションに使う色づけと飾りの材料です。

アイシングの色づけ

ⓐ食用色素カラー（Wiltonアイシングカラー）
ⓑ竹炭パウダー
ⓒアルコール（ウォッカ）

飾り

ⓐⓑサンディングシュガー　　ⓗざらめ糖
ⓒⓓノンパレル　　　　　　　ⓘアラザン
ⓔⓕスプリンクル　　　　　　ⓙシュガーパール
ⓖフードペン

オリジナルクッキー型の入手先

Daisy's（デイジーズ）
本書で使用したオリジナルクッキー型は
こちらで購入できます。
オンラインショップ：
https://daisys.raku-uru.jp/
Instagram：@daisys_yukiko

※時期によっては、完売もしくは取り扱いがない場合があります。

女の子型（p.26）、くぼみつきマル型（p.34、p.58、p.70、p.86）、くぼみつきシェル型（p.38）、かに型（p.38）、ラッコ型（p.38）、くぼみつきオーバル型（p.42）、砂のお城型（p.42）、くぼみつきパンプキン型（p.46）、くぼみつきボトル型（p.46）、くぼみつき棺型（p.46）、くぼみつきギフトボックス型（p.50、p.62）、テディベア型（p.50）、クリスマスツリー型（p.50）、くぼみつきジンジャーブレッドハウス型（p.54）、くぼみつきスノーマン型（p.54）、王冠型（p.58）、くぼみつきリップ型（p.62）、くぼみつきハート型（p.62）、くぼみつきロンパース型（p.66）、くぼみつきピニャータ型（p.74）、ギター型（p.74）、くぼみつき雲型（p.78、p.84）、ユニコーン型（p.78）、くぼみつきストーン型（p.82、p.88）、卵型（p.82）、ネコ型（p.86）、ノースポールサイン型（p.88）

山本しおり
Shiori Yamamoto

アイシングクッキー作家Fiocco（フィオッコ）。大阪芸術大学美術学科卒業。キャンバスをクッキーに、筆をコルネに持ち替えて、まるで絵本のような世界観をアイシングクッキーで表現。食べられるアートとして、アイシングクッキーの魅力を動画作品やワークショップを通して発信している。型からデザインするオリジナリティにあふれた作品は、国内外問わず幅広いファンに支持されている。

Instagram @fiocco_cookies
X @Fiocco_cookies
YouTube @fiocco_cookies

材料協力

NUT2株式会社
HP：https://www.nut2deco.com
Instagram：@nut2deco

株式会社 アントレックス
〒160-0022
東京都新宿区新宿2-19-1 BYGS 7F
HP：https://www.entrex.co.jp
オンラインショップ：https://www.entresquare.com

ブックデザイン	小橋太郎（Yep）
撮影	南雲保夫
校閲	山脇節子
編集	小橋美津子（Yep） 田中 薫（文化出版局）

パカッとアイシングクッキー

2024年10月6日　第1刷発行

著　者　山本しおり
発行者　清木孝悦
発行所　学校法人文化学園 文化出版局
　　　　〒151-8524　東京都渋谷区代々木3-22-1
　　　　電話 03-3299-2485（編集）
　　　　　　　03-3299-2540（営業）
印刷・製本所　株式会社文化カラー印刷

ⓒ Shiori Yamamoto 2024　Printed in Japan

文化出版局のホームページ　https://books.bunka.ac.jp/